伊藤 愿　1951 年 8 月 15 日撮影

1951年8月
スイスアルプス探訪

ベルナー・オーバーランド三山（お土産用絵葉書のスケッチ画）
左よりアイガー（3975m） メンヒ（4099m） ユングフラウ（4158m）

1951年8月3日 左よりエミール・ストイリ、島田巽、松方三郎、伊藤愿、サミエル・ブラバント。ブラバントは、槇有恒がアイガー東山稜初登頂時のガイド

サミエル・ブラバント邸にて 左よりブラバント長女夫妻、伊藤愿、松方三郎、ブラバント夫妻（島田巽撮影）

スイスで1941年8月14日に亡くなった田口一郎の墓（現在日本）後方はウェッターホーン

1951年8月6日ウェッターホーン（3704m）頂上にて（ガイドのウイリイ・ストイリと登る） 右にシュレックホーン

ベルナー・オーバーランドの素晴らしい眺望

アイガー北壁眺望のフィルスト展望台にて
左より松方三郎、マーサ・メルクル、島田巽、フリーダ・ジョイス・ブラバント

Dear Mrs.

Auf Wieder sehen!

Yuko Maki

16. Nov. 1957

Hier sind wir zusammen wieder!

18. Nov. 1957 Saburo Matsukata

Nothing in life like a reunion of old friends.

Shige Matsumoto

ホテル・バンホフ・テルミヌスのゲストブックより

1921年アイガー東山稜初登攀直後のサミエル・ブラバント、槇有恒、フリッツ・ストイリ下はその36年後の3人の再会時の様子（左）

1957年11月　槇有恒、松方三郎、松本重治の寄せ書き（右）

1951年9月10日　ウンターグリンデルワルト・シュワルツエグ・ヒュッテ（2489m）

シュワルツエグ・ヒュッテの向こうに、ウンターグリンデルワルト氷河

ヘルンリ小舎（右手に庇）から見上げたマッターホーン山頂（4478m）

ヘルンリ尾根のホテル・ベルベドール
（マッターホーン・ホテル　3279m）（上）

マッターホーン頂上への通過点、
ソルベイ小舎（頂上に一番近い避難小舎）（右上）

「標高 4000m、1916 年アーネスト・ソルベイ氏（ベルギーの化学者）寄贈避難小屋」と彫られたプレート（右下）

マッターホーン山頂から写したオーバーガーベルホーン（4063m）

ザイルで下山中の愿（左）　山頂（上）

1951年8月17日
写真を撮るだけのつもりで七時出発。十一時二十分、途中のソルベイ小舎着。遂に頂上に立つ。二時二十五分。天気は上々なれど寒し。ソルベイ皈着八時二十分。チェルマットの灯美し。　（書簡集　第74信より抜粋）

想い出のアルバム

1942年5月25日　明治神宮で挙式

新婚時代　北京の自宅にて

1951年5月　横浜・日吉の自宅にて
左より　恭子（6歳）、和代（7歳）、
愿（43歳）、文雄（1歳）、豊代（3歳）

1951年11月　愿が欧米から帰国直後
家族で上野動物園にて
房子(33歳)はスイスみやげのベレー帽
をかぶっている

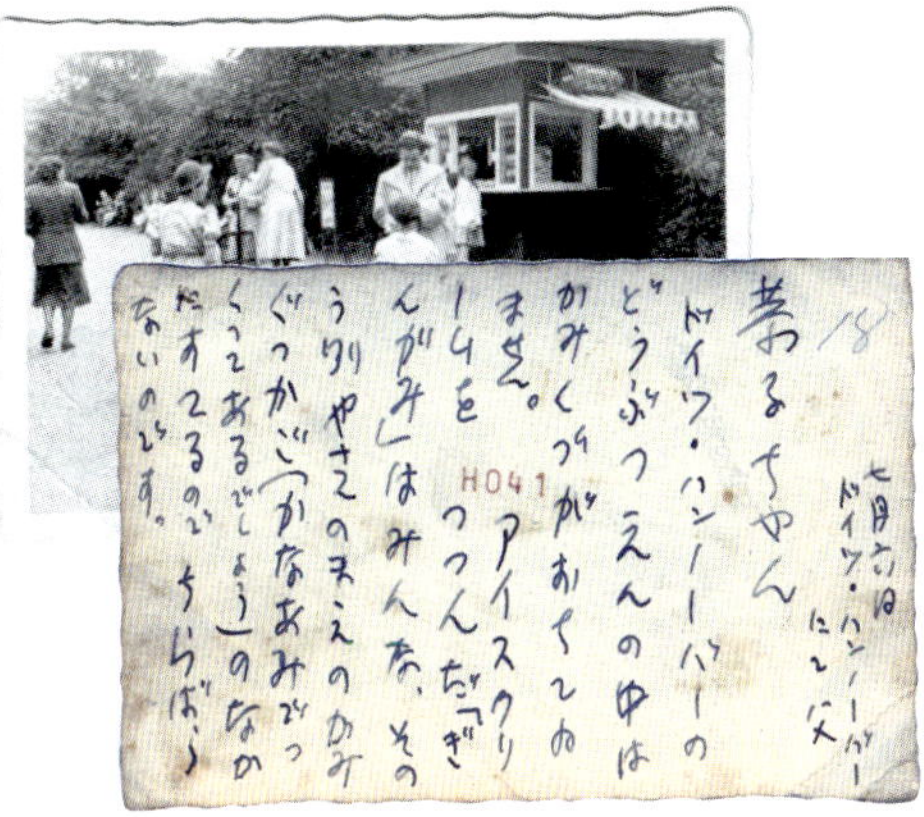
写真の裏に書かれた手紙（第41信）

綺麗な刺繍製（9月29日付）

豊代への
スイスみやげのハンカチ

豊代宛ての絵葉書（7月17日付）

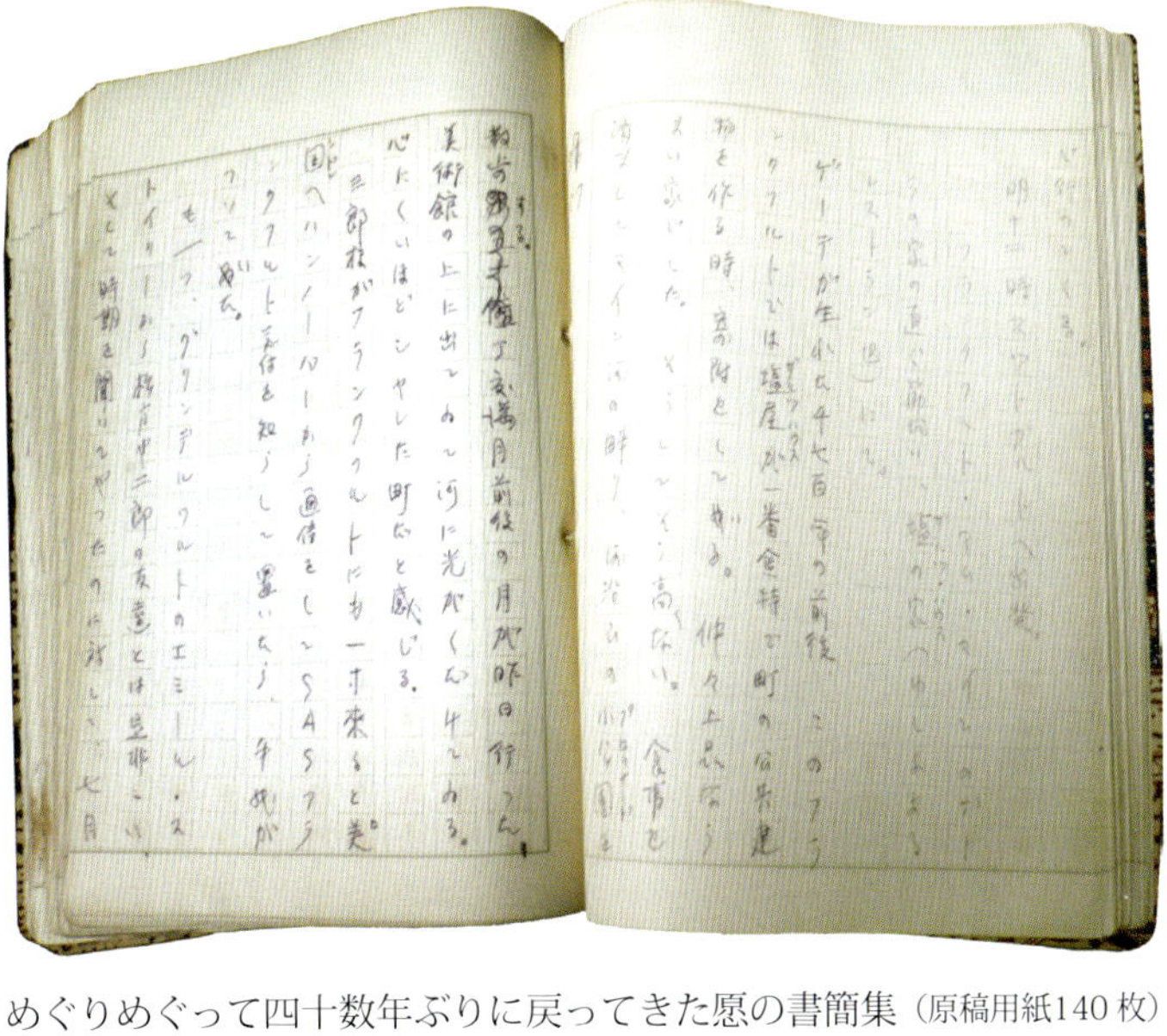
めぐりめぐって四十数年ぶりに戻ってきた原の書簡集（原稿用紙140枚）

1968年7月
願いがかなって

1968年7月28日　愿の夢であった（書簡集 第65信）家族のスイス訪問
房子、恭子とゴーナーグラート（3089m）にてマッターホーンを望む

グリンデルワルト駅
（後方はウェッターホーン）

ホテル・バンホフ・テルミヌスのマーサ・メルクルの歓迎
左より　房子、山本康夫、富士雄（松方三郎次男）、
山本友子（三郎長女）、マーサ

アイガーを背に三家族で
（山本康夫撮影）

スフィンクス展望台にて
後方はユングフラウ

グリンデルワルトを訪れた房子が、松方三郎宛てに出した絵葉書
（後方にウェッターホーン、手前左はマーサとご主人が経営するホテル・バンホフ・テルミヌス）

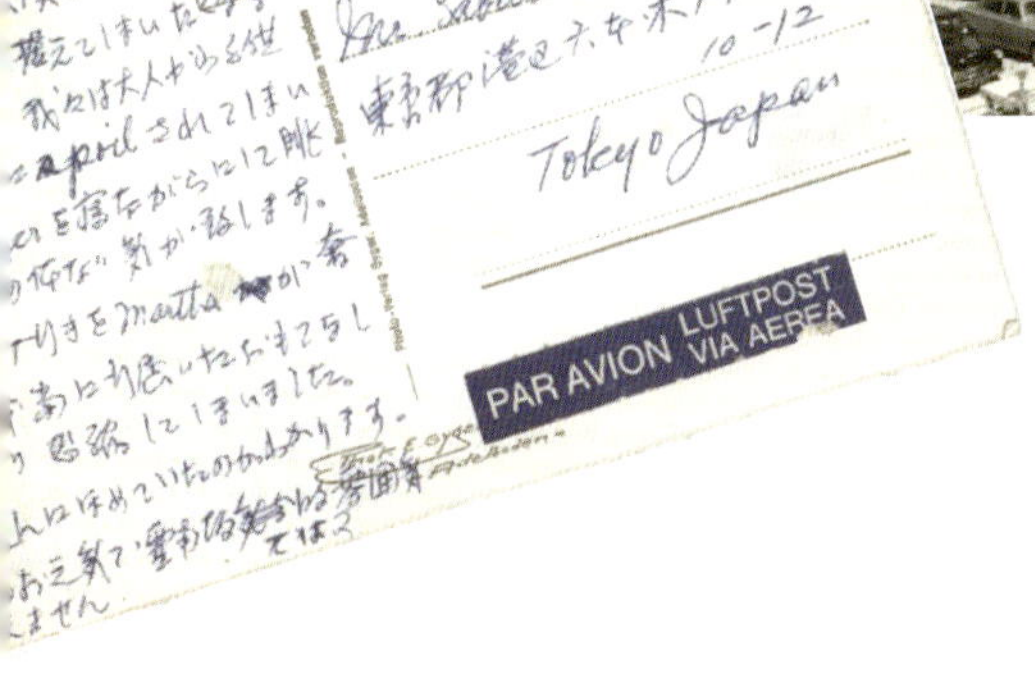

……アイガーを寝ながらにして眺められるのが何とも勿体ない気がいたします。昨日はフィルスト行をマーサが奢って下さり、本当に行き届いたおもてなしで、すっかり恐縮してしまいました。愿が盛んに彼女を褒めていたのがわかります。山本家もお元気で霊南坂の雰囲気です。房子

木の十字架が立つマッターホーン山頂へ続く道
（平山拓撮影）

2007年7月
父の足跡をたどって

2007年7月16日　慰霊登山をともにした家族　右から松方留美（愿の孫）、松方富士雄、平山れい（愿のひ孫）、松方恭子、平山美樹（愿の孫）、平山拓（美樹主人）

「ねぇ、私たちの愿さんに会ったことある？」

ヘルンリ尾根の美樹、拓（留美撮影）

56 年の年月を隔て、父と同じ場所で（2100m）
2007 年 7 月 16 日

1927年7月　単独行の舞台
北穂滝谷・槍ヶ岳

徳本峠～上高地～中尾峠～蒲田～錫杖～蒲田～槍平～槍～南沢下降～槍平～滝谷遡行～穂高小屋～白出沢～槍平～槍・肩ノ小屋～小槍登攀～涸沢小屋～穂高小屋～前穂～上高地

槍ヶ岳より穂高連峰を望む（棚田英治撮影）

錫杖岳・烏帽子岩前衛フェース
クリヤ谷・錫杖沢出合より（棚田英治撮影）

北穂からの滝谷ドーム（棚田英治撮影）

蒲田川の滝谷出合（棚田英治撮影）

東鎌尾根方面より槍ヶ岳を望む（小塩茜撮影）

伊藤愿が上高地に設営したテント

『ヒマラヤに挑戦して』を邦訳

京都大学時代、パウル・バウアー著『ヒマラヤに挑戦して』(黒百合社1931年)を訳出。当時の日本の登山界に大きな反響を呼び、ヒマラヤ遠征を目指した学生達のテキスト的存在となった。本書訳出の5年後（1936年）、訳者伊藤愿は京都大学学士山岳会の命を受け、Ｋ２遠征のための折衝に単身渡印し、ダージリンよりヒマラヤ遠望を果たしている。原書 Paul Bauer,『*Im Kampf um den Himalaya*』, Muenchen: Knorr und Hirth, 1931.　(越田和男)

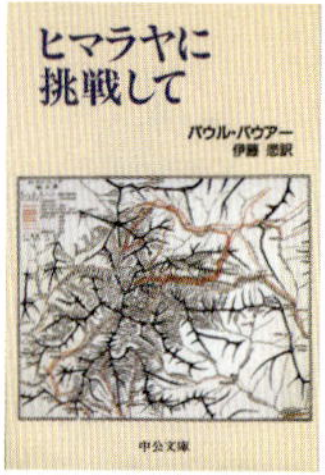

原書訳出の61年後(訳者没後37年)に、文庫化された(中公文庫1992年)。京都大学学士山岳会の上田豊氏が解説を執筆。伊藤愿と本書出版の背景を詳述している。1973年、京大隊によるカンチェンジュンガ西峰（ヤルン・カン　8505m）の初登頂の際、房子夫人から西堀榮三郎氏に託された伊藤愿の遺影を、登頂隊員が頂上に埋めた。　(越田和男)

カンチェンジュンガ主峰（8586m）↓　　↓ヤルン・カン

パンペマ・ベースキャンプにて　東 豊久撮影

撮影：伊藤 愿(1～8ページ)　松方恭子およびその家族(10～13ページ)

妻におくった九十九枚の絵葉書

―伊藤原の滞欧日録―

松方恭子　編

清水弘文堂書房

はじめに

今から五十二年前、私の父、伊藤愿《いとうげん》は、四十八歳の若さで母と私たち四人の子供を残し、病いで他界しました。

若かった父は、海外出張など仕事で忙しく、また最後の数年間は入院していたこともあり、小学生であった私には、父との思い出は少なく、時たま母や、父の従妹の緑さん、父を知る方々から聞かされる程度のものでした。

しかし、家の中には、父がスイスのマッターホーンの頂上を単独登攀した時の、セピア色となった写真がいつも飾ってあり、それが私と父との唯一の接点でありました。

この本の『妻におくった九十九枚の絵葉書』は、戦後間もない一九五一（昭和二十六）年、父が建設省から土木事業行政技術研究のため欧米に出張中、母に出した九十九通の絵葉書のことです。

父は、帰国数年後に病いに倒れ、病床で半年にわたる世界一周旅行を懐かしく思い出しながら、その葉書の文面を、原稿用紙百四十枚に書き写した一冊の書簡集を残していました。何ゆえそのようなことをしたのかは、母も全く知らないようですが、私自身、母が受け取ったと聞いていた絵葉書や、またその書簡集も、昨年まで見た記憶がありませんでした。

実は、旅先から出された絵葉書を、母がアルバムにきれいに貼っていたようですが、父が入院中に看護婦さんに貸したところ、タクシー内に置き忘れてしまい、当時の新聞に「探しています」と広告を出したものの、結局出てきませんでした。

また書簡集のほうも、父の死後、お貸しした父の知人の方が亡くなられてしまい、これもまた、行方が分からなくなってしまっていました。

三十八歳で夫に先立たれた母は、戦後の厳しい時代の中、父方の祖父母をはじめ、多くの温かい親戚、友人、周りの方々に支えられ、またカトリックの救済奉仕団事務所で、アメリカ人の上司のもとで仕事をしながら、女手一人で子供四人を育て、現在、孫九人、ひ孫四人、合計二十五人の家族に囲まれ、お蔭さまで頭も心も元気で、今年の六月「卆寿」を迎えることとなりました。その母も、数年前から青梅の慶友病院にお世話になっていますが、そこで二年ばかり前、思いもかけない出来事に遭遇しました。

それというのは、母と同じ病院に、父の甲南高校時代の山岳部後輩の山岡静三郎氏が入ってこられ、その方から、父の若かりし頃の話を、いろいろと伺うことができたのです。

またその偶然な出逢いがきっかけで、無くなったと諦めていたあの書簡集が、その後父の後輩から後輩へと四十数年、大事に受け継がれていたことも分かり、父の五十回忌を過ぎた後に、母の手元に無事に戻ってきました。

この書簡集が戻ってきたことを契機に、父の甲南高校時代、京都大学時代、独身時代、そして元気にしていた頃の活躍ぶりが書かれた資料や、本人が甲南山岳部部報、日本山岳会会報に発表したものなどを、父のことをご存じの多くの方々のご協力により集め、一冊の本にまとめることができました。

多くの資料を整理しながら、四十八年という短い人生をエネルギッシュに生き、山を愛し、自然を愛し、尊敬する先輩、後輩、友人を大切にしていた父の姿を思い浮かべ、また母や、子供たちへの温かい愛情こもった父の心にも触れることができ、改めて胸にこみあげるものを感じました。

父が存命であれば、今年で百歳。

長年の母の労をねぎらう感謝の気持ちを込めて、この一冊を、母に贈ります。

父 百歳、母 卆寿の年に

二〇〇八年四月 松方恭子

はじめに　松方恭子　2

妻におくった九十九枚の絵葉書

伊藤愿の滞欧日録　10

スイスだより　伊藤愿

マッターホーン單獨行　102
アルプス一九五一年　ウェッターホーン・マッターホーン　108
バウアーとの會見記　122

若き日の足跡　伊藤愿

山旅（單獨行）　132
瀧澤谷涸澤岳登攀（單獨行）　178
ポーラメソドによる富士登山　195
滞印日記抄　217
北京から　244
續・北京から　253

追憶

ＡＡＣＫ人物抄　伊藤愿さん・平井一正　264
伊藤愿君を悼む・日高信六郎　276
伊藤愿さんの思い出・田口二郎　280
先輩、伊藤愿氏を偲ぶ・山岡静三郎　299

拾遺

あの頃・香月慶太　304
甲南高等学校　山岳部部歌「雪の歌」・「山の歌」　作詞　伊藤愿　306
甲南高等学校　野球部応援歌・蹴球部部歌　作詞　伊藤愿　308
伊藤愿　山の履歴・越田和男　310

年譜　316
伊藤家と松方家について　319
本書に登場したおもな方々　322

編集を終えて――私とスイス　松方恭子　328

妻におくった九十九枚の絵葉書

伊藤愿　海外視察旅行日程（昭和二十六年五月十三日〜十一月十四日）旅程は絵葉書の発信地より

5月12日　東京出発
13日　バンコック→カラチ→カイロ
→ローマ
16日　ローマ
20日　フローレンス
26日　アテネ
28日　ローマ
6月2日　ベニス
4日　ローマ
5日　ナポリ→ポンペイ→アマル
フィ→ソレント
6日　ナポリ→パレルモ
7日　アグリゼント
8日　パレルモ
11日　ローマ→ミラノ→ゼネヴァ
15日　パリー
27日　ハンブルグ
29日　ハンノーバー
7月10日　ハンブルグ
11日　ベルリン
14日　フランクフルト・アム・マイン
18日　ストットガルト
19日　アイスリンゲン・アム・ネッ
カー→ルードヴィヒスブルグ
20日　ミュンヘン
27日　ウィーン
31日　チューリッヒ
8月2日　ベルン→グリンデルワルト
6日　グレックシュタイン
7日　グリンデルワルト
8日　チェルマット
16日　マッターホーン・ホテル
25日　グリンデルワルト
9月24日　チューリッヒ
29日　マドリッド
10月1日　リスボン
4日　フランクフルト
6日　ブラッセル
12日　ロンドン
14日　オスロー
16日　ストックホルム
18日　コッペンハーゲン
20日　アムステルダム
23日　パリー
25日　シャノン
27日　ニューヨーク
29日　ワシントン→マウント・
ヴァーノン
11月2日　サンフランシスコ
6日　ロス・アンジェルス
13日　ワイキキ

第一信　五月十三日　バンコック

昨夜は皆さんと見送り有難う。

機内いささかむし暑かった。――寝ても風邪をひかさぬ為か。

横浜の電灯がきらきらして星をばらまいた様にきれいだった。

熟睡から目をさますと機はまさに地上についたところ、ナワ・エヤー・ベースだ。

十三日の三時三十分。休憩所で熱いうまいコーヒー一杯。

五時三十分沖縄を出発。香港には寄らず、一気にバンコックに向ってゐる。

今十時です。すばらしくおいしいブレックファーストを済ませたところです。ちょうど、インドシナの上空を飛んでゐます。

森林のウッソウと茂ったジャングル地帯が下に拡がってゐる。もう二、三時間でバンコックです。

皆様に、父上、伯母様、遠藤君によろしく。

和代！　早く快くなって遠足に行きなさい。

サス・バイキング機上にて

第二信　五月十四日　ＢＯＡＣ機上にて　カラチ空港ホテルにて

昨夜二十三時カラチ着。飛行場事務所の二階のこのホテル宿泊。シャワーを浴びて気持よくなった。相客が一人。回教徒也。暑さのため仲々寝つかれぬ。天井で大きな音を立てて回っていたファンを止めたが、かえって暑さのため寝つかれなかった。朝がたやや涼しくなって熟睡。在外事務所に電話して自働車で迎えに来て貰ひ、前田所長などに面会。

昼は在外事務所の二階の前田家で御夫妻に御馳走になった。

本日午后七時、ＢＯＡＣ機でカイロ経由ローマへ飛ぶ。明朝十時に着く予定也。

カラチは自動車で一周、砂漠の町なり。

第三信　五月十四日　ＢＯＡＣアーゴノートの機上にて

今ペルシャ湾の上を飛んでゐます。カイロは真夜中となるので、折角のピラミッドは見えないらしい。（明朝の三時ごろ）

このスピード・バードのリヤ・ラウンジは実にコンフォタブルです。私はやはり英国式のほうが好きらしい。ＳＡＳよりもＢＯＡＣの方が気に入った。

子供たちの写真を英米人に見せた。

和は遠足に行けるかな、お母様のいひつけをよく守って早くよくなりなさい。父

第四信　五月十五日　ＢＯＡＣ機上にて

暗いうちにカイロに着きました。さぞや暑い処と想像してゐたのに実に涼しい。ローカルタイム三時四十五分。

エジプト朝廷の様式のレストラントでブレックファースト、英米人たちと一緒のテーブル。心臓といふなかれ、子供の日に撮った家族五人の写真と、文雄を抱いてゐる写真がモノをいふのだよ。

今地中海の上を飛んでゐる。おだやかなコバルト色の海の上に白い雲が飛んでゐる。

船が二隻はしってゐる。フロの中で文雄が浮かべてゐた様な大きさにみえる。

家族みんなで来たいね。アト五時間でローマ着。

第五信　五月十六日　ローマにて

昨十五日ローマ飛行場着。早速バチカンに金山さんを訪ねたところ、大島寛一さんがローマに来てゐて（一月二十五日頃東京を出発した大島君はもう皈転した頃と思ってゐました）明十六日の夜ローマを出発して東京に皈《かえ》るといふ。聞いて驚きました。

お昼を金山夫妻、子供さん五人他に一、二人と一緒に頂いて、四時頃、大島さんが泊まってゐるホテル・ミネルヴァに送って貰ひました。（そのホテルは今朝ちょっとあちこちを見てや見当がつきかけたが、この写真のちょうどうしろのところあたりにあります）四時にホテルのベッドでちょっと假睡《かみん》しようと思ってパジャマ――このネルのパジャマが今のローマの気候にちょうどよかったです。きっと欧州はこれの方がかえってよいかも知れない――に着かえて寝たら、つかれていたと見えて目がさめたらすでに十一時半になってゐました。

大島君の部屋に電話しようと思ったが、既に彼寝てゐるかもしれないし、バスに入って寝直すことにしてゐたのです。

＊外務省。当時ローマ在勤

第六信　五月十六日　於　ホテル・ミネルヴァ

入浴しようとすると急に電話がかかって来て、（大島寛一君が）同じホテル内でかけてきたのでした。あまり遅いから、十六日に朝食を一緒にすることにして私は入浴して体操して寝む。今日十六日には金山さんの御案内で市内十二ケ所見物。大島さんが外務省にお礼に行くので三人一緒に。

十二時―一時半までバチカンミュゼーを一瞥《いちべつ》。私は又度々来るつもりですが。

お昼を金山家で。

夕食は金山夫妻と四人で、大島さんのおごりで十二時まで。

大島さんは（夜中の）一時に出発。ＢＯＡＣで東京へ。

第七信　五月二十日　フローレンスにて

昨日金山さん、長谷川画伯、本田氏と四人ですばらしくコンフォタブルな電気機関車三台連結の準急でフローレンスに来ました。途中中部イタリーの田園風景を満喫しながら。

ここは芸術、文化の都。ちょうど京都に当たります。アルノ河が音を立てて流れてゐる。

河畔のペンション・リガテイに泊まりました。

本日は日曜日なのでフローレンス本寺（大聖堂）でミサがはじまってゐるので、ここに参入。それから正田君という人が曾ての学友フローレンス娘で絵描きさんと結婚式をあげるので、サン・ミニアートのチャーチで参列。それからピティ・ミューゼを見て、ラファエロ、ヴァン・ダイク等の画に感嘆してゐます。

第八信　五月二十一日　フローレンスにて

一三三八年に英国王に一三六万五千フロリンを貸してゐたという銀行家を持ってゐたフローレンスは、旧家も旧家、大変な町だ。十字軍のためにもうけもしたらう。その財力は大変なもので、これで美術を愛好した。ミケランジェロの大作品なんてザラにころがってゐる。

ここは文人がルネッサンス時代族出した。レオナルド・ダ・ヴィンチ、ダンテ。

葉書は現存するポンテ・ヴェッキヨ（古い橋）が背景になってゐるところでダンテが恋人ビアトリーチェと会ふところ。三人のうち真ん中のがビアトリーチェ。

第九信　五月二十六日　アテネにて

昨夜ローマからアテネに飛んで来ました。

ローマが五月の気候とすれば、アテネは七月の暑さ。人々の芸術的風格はローマ、フローレンスに及ばないが、街の建物の美しさ――大理石を輸出する国だけに――街路の舗道まで大理石。

したがって街が白っぽい。欧州でなくて印度に近い感じ、中東地区だね。

アクロポリスの丘に登りパルテノンで半日過ごしました。

第十信　五月二十八日　ローマにて

第九信をアテネから出しました。二十五日真夜中にアテネについて二十六、二十七と滞在。

本日昼アテネからローマに飛んで皈《かえ》って来ました。戦後ギリシャへ日本人が行つてきたのは最初のようです。四時にローマに皈って来ました。ローマはずっと涼しく、今七時。

バチカン近くのカフェテリアでこれをしたためます。

第十一信　五月二十九日　ローマにて

今日は正午までキャピトルの丘の歴史博物館に二時まで頑張ってゐたので、午后は休養。三時にスパゲティで昼を済ませてひる寝一時間半。やっと疲れがやすまりました。七時フロを済ませて（バス付きの部屋でないから別のところへガウンをきて行く必要あり）町で夏のパジャマを求める。三千五百リラ（日本円で約二千円）。ローマは今欧州で一番物価が安いとのこと。

晩めしは近所のトラトリア・ミネルヴァといふので、パン、小コッペー、棒コッペー、ビーノ（地酒のブドウ酒四分の一リットル）、卵かきまぜが入ったスープ、犢《こうし》のビフテキ、サラダ、これでチップを入れて八百リラ（日本円で四百八十円）。大体他人様の三分の二位か半分で済む。十ぐらいのイタリー語で一人あるき。夕食をすまして二、三軒さきのコーヒー。舗道に椅子が出てゐる店に行く。チップとも三十六円也。となりでこの絵葉書をみつけた。マッターホーンのイタリー側からの眺めらしい。

第十二信　六月二日朝　ローマにて

花のパリーはもうすっかり駄目だとハザマ画伯が巴里から来て、イタリアで下着や洋服なんかをさかんに買込んでゐる。大島寛一君もこぼしてゐたし。

ローマはまるで欧州の北京ですっかり気に入って、長滞在。

午后からベニスへ。それからナポリへ――ポンペイを見て――シシリーへ一泊――八日朝またローマに来る予定。交通公社であるＣＩＴが全部アレンジしてくれるので、飛行機の切符だけを私がＳＡＳで取ってくれれば万事ＯＫ。

多分十三日にローマ発でゼネバへ。十五日パリー着の予定。

これがパジャマを買ったデパートです。

第十三信　六月二日夜　ベニスにて

ローマを四時半に飛行機で発って六時ベニスに着きました。

汽車だったら九時間かかるところ。

イタリー交通公社の手配は完全で、ちゃんと飛行会社に英語の出来る青年が迎えに来てゐました。

今ホテルで夕食をすませたところです。

今日はイタリー共和国建国記念日だそうで、サンマルコ広場でコンサートがあるといふのでちょっと行ってみます。

第十四信　六月三日　ベニスにて

朝六時半ベニスで一番古いサンマルコ教会をのぞいて、後、河の沿岸を歩いて来ました。

九時半からCITの案内で英語グループ十二人と見物。午后二時から五時まではゴンドラに四、五人宛分乗して。

六時頃雷鳴がして夕立、ちょうどホテルに帰った時で、かえって夕立がすんだあとは石だたみがきれいになって気持ちがすがすがし。

私のホテルの部屋からこの教会（サン・ジオルジョ）が大映して見えます。

明日朝八時、ここを発ってローマ経由ナポリへ飛びます。

第十五信　六月三日　ベニスにて

腹がすいたのにまだ食堂があかない。七時からだ。雨でみんな泊まり客が早く皈ってきてロビーに集まってきてゐます。

今日午后三時からのゴンドラはちょうどこの葉書の様――真黒な漆でぬってあります。ゴンドラはベニスの足だといったのは昔のこと。今は交通はモーターボートの二、三百人乗りが何隻となく走ってゐます。ゴンドラは観光客だけの遊びです。しかし仲々ゆかい也。

第十六信　六月四日　ローマにて

今朝七時十分ホテル発。快速船で飛行場（リドといって、海水浴場もありました）のある島に送られて、八時十五分発。九時四十五分ローマ飛行場着。ナポリへ行く飛行機は会社が違ふし、午后四時まで大分時間がある。ワイシャツを着換えたり、休んだりする為めホテルへちょっと寄りました。

行きつけのトラトリアであまり腹がすきすぎたのでスパゲティだけを食べに入ったら、誰もゐないし、ボーイが〝シニョーレ、今日はオッソ・ブッコ（背ボネと共にその付近の肉をつけたままのシチュウ）があります〃といふ。早昼だ。四分の一リットルのビーノ（地ブドウ酒）で陶然とする。

第十七信　六月五日朝　ナポリにて

昨日夕方ナポリに着。ここで東洋学大学の先生をしてゐる人にかねて葉書を出して置いたのでホテルで一緒に食事。済んでから、コーヒーはサンタルチアの海岸を散歩して。そこで、レストランだったが私たちはコーヒーだけで二時間ねばったら二杯で百五十円（二百五十リラ）くれといふ。普通町で飲めば十五円－二十四円位。

しかしよい気分でした。唄を所望したら唄い手（男二人）、ギター、マンドリン、計六人の一隊がサンタルチアを聞かせて呉れた。この心付百二十円也。

横浜と神戸を一緒にした様な町です。

七時　駅前のコーヒー店にて

第十八信　六月五日　ポンペイにて

九時半ＣＩＴのバス二台約五十人位の観光客の大パーティ。

今ポンペイの発掘を見るためにバスは一時間半停車。暑い炎天下で案内人に引き回されるバカバカしさにガイドブックを求めて私だけは要点だけをさっさと見て、写真をよい場所で一枚撮ってサッとバスに皈って来ました。

考古学的な価値だから現物が判ればそれでよいので、アテネのパルテノンで半日過ごした感激はこういふところにはありません。

今日はソレント泊りの予定です。

第十九信　六月五日二時半　アマルフィにて

ポンペイから山越えで海岸に出てきました。バスは海面から三百メートル位上のゼッペキのところを削って作った道路――良い道路で最初一八〇五年に作られ、その後拡げて、ムッソリニー時代にアスファルトになった由。

すばらしい景色、富士めぐりのモーター・ロードどころの比ではない。

山、谷、海岸を地中海の碧い海をたえず南に見ながらバスは走る。

ここで昼食、そのホテルはアルベルゴ・プチチニといふその食堂――但し道路から百メートルも上のところなのでエレベーターで上る。八十人位を五、六人宛上げてゐるのでこの葉書きをしたためます。

第二十信　六月五日午后三時　アマルフィにて

アルベルゴ・プチチニの食事は腹がへってゐたのでうまかった。くだものはさくらんぼ——今イタリーでは何処でもさくらんぼ、そしてほんとにおいしい——と何かの木の葉につつんだもの——あけて見たら半かわきの干しぶどう十五粒ばかり、（種子なし）レイズンのようにアマイ、しかし種子十二あった。食事中五人組でマンドリン、ギターでイタリーの唄をきかした。あとで心付を貰ひにまわる。

五十リラやる。〝サンタルチア〟と〝皈れソレント〟

第二十一信　六月五日夜　ソレントにて

今日は観光バスで百五十キロぐらい走った。海岸沿ひ山の景色のすばらしいところを。ちょうど鹿児島から湾にそって宮崎に抜ける時に似てゐる。但し百メートル位の高さのところに立派なアスファルト道が出来てゐるので日本と大分違います。

ナポリはごみごみしてゐたのでソレント泊りの計画は大成功。伊太利の有名な詩人トルガト・タッソー（ペトラルカ、ボッカチヨとほぼ同時代の）の家がホテルになって海を望む絶好の地位を占めてゐる。二階の真中の部屋で二十四畳か三十畳の大きな、内部にはカガミ、金の装飾古い置時計でかざった部屋、イタリー交通公社は仲々味なことをする。

私の泊まった部屋はこの絵葉書の矢印が合うところに三つ窓らしいものが見えるその一番まんなか。きっと今度の欧米の旅で一番ゴウセイな宿になるでしょう。

第二十二信　六月六日午后四時　ナポリにて

今朝ソレントを八時六分に発って電動車（ひどくゆれる。一等といふうのはスイてゐるのと座席にクッションがあるから。あとは三台とも三等のみ）で九時八分ナポリ着。すぐＣＩＴの車で市内見物。四ケ所ほどくるくる廻ってくれる。

佛、伊、英と三ケ国でガイドが説明してくれる。遊覧バスといふものは仲々よい――今まで馬鹿にしてゐたが。十二時に開放されてもう一度私だけ博物館に三時まで頑張って来ました。

美術の良いものだけより抜いて見て来るといふ至極結構な毎日です。ポンペイのほんものの良いのは、何のことだナポリのナショナル・ミューゼにありました。

これからシシリーへ。

第二十三信　六月六日　シシリー島パレルモ

ナポリから一時間半の飛行機でシシリーに到着。途中ソレント岬、カプリ島が見えました。こん碧の地中海の内海——瀬戸内海を知ってゐる者にはあまり珍しくはないが——ちょっと機上で寝る。バンドをしめて下さいとホステスが注意しに来て十数分熟睡したことを知る。

パレルモはまるで山にかこまれた飛行場——海岸は一方は絶ペキ、パレルモ港の方はひらけた平野。

ホテルはデレ・パルメ　堂々たるここで最上のホテル。

明日は六時半出発で六、七時間自働車でアグリゼントといふほんとに地中海に面した処に出掛けます。

洗ったハンカチが一時間で乾いてゐます。

ホテル・デル・パルメにて

第二十四信　六月七日午後三時半　アグリゼントにて

今ちょうどこのギリシャ宮殿跡（ディオスクリ宮殿跡）にきましたので、ここのポストにこれをいれます。

今夜はこの近くのホテル・デイ・テンペリといふのに泊まる。

第二十五信　六月七日　シシリー島　アグリゼントにて

シシリーといふのは仲々面白い島で、ＢＣ四世紀ごろからギリシャ、ローマ、ペルシャなどに次々と占領されて来たので欧ロッパといふよりもむしろアジアやアラビアへの門ともいうべき土地。ギリシャの植民地だったのでギリシャの神殿があちこちにあります。しかもドリック式の雄大なものが。壮大な規模だったことが遺跡で想像できます。

明日は早朝ここを出発、パレルモ経由ローマへ。

第二十六信　六月八日　パレルモにて

昨夜アグリゼントのホテル・テンペリでのさくらんぼは実にうまかった。

今朝アグリゼント五時十五分発、約百三十キロ駆って、十二時半パレルモ着。ホテルで昼食を済ませてこれから飛行機で二時半パレルモ発一気にローマへ帰ります。ローマ着は午后五時頃の予定。至極元気也。子供たち元気ですか——午后二時。

パレルモはシシリー島屈指の港なり。このカテドラルの如き、いろいろの文化が混合した跡を如実に示してゐる。

第二十七信　六月十一日　ローマ　ホテル・ミネルヴァにて（第二十七信は掲載写真の裏に記載）

昨日は日曜、カソリックのローマでは午前も午后も大百貨店リセッティ（？）休みなり。遂に十一日朝十時に三度目に行きてマミーの誕生日のお祝品イタリヤ産レース襟を三つ購入したり。その内二つは幸便に託して（日本へ、六月十二日飛行機でローマ発の人があったので）。その時、五月二十三日法王に（一般謁見の際であるが）握手をしてもらっ

136号室の窓辺にて写す

て、はるばる遠い日本からよくおいでになったと英語で話しかけられ、I am hornored, Your Holliness とだけ答へ拝跪《はいき》の礼をした後の法王庁で写真師が撮った写真五枚も一緒に託す。

第二十八信　六月十三日朝　ローマにて

いよいよ今朝十時ローマのシャンピノ飛行場から出発してミラノ経由ゼネヴァへ。今日夕方着く予定。このコースはＴＷＡのアルパインルート。

ローマは一ケ月の長滞在になりました。実にたのしい滞在だった。金山夫妻には毎日のように厄介になった。

アテネ、ヴェニス、フローレンス、ナポリ、ソレント、シシリー島、皆たのしかった。

第二十九信　六月十三日正午　ミラノ飛行場にて

今飛行機がミラノでちょっとお客をのせるため中憩したのでこの葉書を書きます。

ここはイタリーの工業都市、エントツが沢山みえます。

イタリーの北の方は南と大分違ってゐる。

ポー河の付近はウッソウたる森林。ピサは附近を通ったが乗組員がボンヤリして教へてくれぬので町を上からながめただけ。

第三十信　六月十三日　ゼネヴァにて

この飛行機で、特に夏場だけ（五月三十日から）のタイムテーブルでトランス・アルプス・ルートを飛びました。

天気もよかったし、ランチが来たが、山を次々に撮すのでたべられない。

実に幸運だった。スイスTWAで先日まで天気が悪かったが今日は上天気ですと。

TWAからホテルに歩いて七分。静かな町。　ホテル・ゼネヴァにて、午后四時記

第三十一信　六月十三日　ゼネヴァにて

三十分ほど午睡。ボーイが飛行会社から荷物を搬んで来てノックしたので目がさめた。お茶をのんでからアルプス通りを一歩きし、SASに明日のパリーまでの切符を作らしに出掛ける。

アルプス通りの一端はこのレーマン湖（ゼネヴァ湖）。モンブランが晴れてゐて良く見えた。

この（絵葉書の）スワンは見なかったが。

明日は観光バスで市内見物の予定。

良い部屋、食事も豊富、ここはレストランを兼ねてゐて、うまかった。夕食約七百円也。ドイツ語なら通じる土地也。午后九時半。

第三十二信　六月十五日　パリーにて

ゼネヴァを十一時に発って二時パリーにつきました。今日少々天気が悪かったのでフランスの田園風景はよく見えなかった。リヨンの上では割に低空で飛んでよく見えたが。飛行場からＴＷＡ飛行会社事務所まで仲々遠い。エッフェル塔が見えたのでパリーに来たなと感じた。

下宿を在外事務所の高橋事務官が予約してくれてゐるので、タキシーで着き、午睡二時間。夕食後附近を散歩、絵葉書探しをかねて花やでカーネーション三本を求める。今日はこれで休む。十一時。

第三十三信　六月十七日　パリーにて

今日は日曜、恒例により教會へ。しかも音に名高きノートルダムのカテードラルで十時からのハイ・ミサに列なる。終わったのは十二時近く也。二十フランの献金にて美しいコーラスとパイプオルガンを二時間楽しめる。司祭さへ居なければなほいいんだが。雰囲気は欧州のゴタゴタした都会中で一番良いところ――しかも国民性を知るための早道也。立ったり座ったりしてゐる間に考えることは家族のこと也。

女房、和、恭、豊、文雄、みんな瞼《まぶた》をとじるとうかんでくる。みんなの健康を祈る念や切也。

ルクセンブルグ公園にて

第三十四信　六月十七日　パリーにて

パリーの建物、街はローマほど私には魅力がなかったが、ルクセンブルグ公園の日曜は全く好きになった。子供の世界だ。サンサンとテリかがやく太陽の下、子供たちの天国、ウバ車の多いこと。子供を連れてゐないと恥しい位。

和もゐる、恭も、豊も、文雄くらいならヨチヨチでしかもいたづらがゐるよ。入口でゴム風船を買って貰って手首にククリつけてもらってゐるのに池の中の子供のヨットに気を取られて。

遂にフイルムを一本使い切ってしまった。この公園カッフェなし。ボックス（オモチャのみ売る）で売ってゐるアイスクリームが唯一のもの也。バニラ二十五フラン、キレイに紙に包んである。

ルクセンブルグ公園にて　午后五時

第三十五信　六月十八日朝　パリーにて

パリーの下宿廉《やす》いとてバカに出来ないよ。朝フィンガーボールより大きいガラス碗一杯のコーヒー（ミルク入り）、プチコッペ一つ、バター。

昼はサラダ　卵一ケ付一皿、オムレツ野菜付。山羊酪（玉子ドウフみたいなもの）に砂糖ふりかけ一カップ。夕食はスープ冷凍をもどした？牛肉のローストに大フィンガーボール山盛りのベークドポテト、バナナ一本。これに部屋代（へやだけなら七百四十フラン）――バスはついてゐないが朝あつい湯が出る。これで身体をふけばサラッとしてゐる。—これで千フラン也。朝日が七時前にはあたる部屋で二階（日本式で三階）。近くにパンテノン（ウエストミンスターに相当）、ルクセンブルグ公園がある。昨日の日曜は、昼、夕食ともなくてまごついたが——これは使用人の休ソク日。今日は雨になるらしい。人々雨具を持って通る。

第三十六信　六月十八日　パリーにて

今朝は七時頃パッと朝日が一度部屋をあかるくしただけで曇って来た。人たちは出勤にいそぐ、半数雨具を持ってゐる。十時頃小雨。午后シトシトと三時間降って止んだ。

午前中トマス・クックの遊覧バスでパリーのお上りさんをやる。雨のせいで夕方冷え冷えとして来ました。至急知らしてほしいこと。

一．子供たちの頭の廻り、何センチか（少し大き目に）はかって航空便で知らせて下さい（ベレー也）（私のは五十七でした。インチかな）

二．序《ついで》にマミーの手袋はサイズはどの大きさか？

第三十七信　六月二十六日　パリーにて

予定通りビザが全部とれたので明朝ハンブルグに飛びます。独*、瑞、墺、葡、西、白、英、瑞典、丁、諾、和、と全部通しで廻るので約二ケ月後パリーへ皈って来ます。ベルサイユなどはこの次のゆっくりした時に廻しました。体の調子もよくなったから御安心を乞ふ。パリー皈着の時も同じペンションです。パリーからニューヨーク。

第三十八信　六月二十七日　ハンブルグにて

飛行機で着いて出迎えの人に市内見物させて貰った途中也。午后三時。

第三十九信　六月二十九日　ハンノーバーにて

二十七日のハンノーバーに汽車の二等（一箱に四、五人より乗ってゐません。日本の一等よ

＊独逸・独乙＝ドイツ、瑞西＝スイス、墺太利＝オーストリア、葡萄牙＝ポルトガル、西班牙＝スペイン、白耳義＝ベルギー、英吉利＝イギリス、瑞典＝スウェーデン、丁抹＝デンマーク、諾威＝ノルウェー、和蘭＝オランダ

り上等、ハンブルグからハンノーバーまで百八十二キロで運賃は十九マルク＝一マルク日本の約百円）で着きました。

駅に三人この町の人たちが出迎へてくれて駅前のきれいなホテルに投宿。

昨日は朝から博覧会場で十人ほどの人たちを指揮して出品物の点検、浸水したのでひどくなってゐて、仲々の大仕事です。ここの政府が私を賓客として待遇し、費用を負担してくれる由。

コンストルクタ博の中の郵便局にて

第四十信　六月三十日　ハンノーバーにて

ちょうど出品物の箱をあけてゐる時にやってきたので飾り立ての仕事に三日間多忙を極め、十人の人たちを英語と独語で指揮、ヒドク傷んでゐるものばかりだったので補修に苦心。

昨日辞書到着しました。まにあってよかった。有難う。今晩か明日手紙を書くつもり。税関長の名をスイスに知らして来てもらふ件を書くつもり。

日本の出品は第八ホールの外国館の中に約二百坪、日の丸の二本の旗が天井から下ってゐる。

第四十一信　七月六日　ハンノーバーにて（第四十一信は掲載写真の裏に記載）

恭子ちゃん

ドイツ・ハンノーバーのどうぶつえんの中はかみくづがおちてゐません。

アイスクリームをつつんだ「ぎんがみ」はみんな、そのうりやさんのまえのかみくづかご（かなあみでつくつてあるでしょう）のなかにすてるのでちらばらないのです。　父より

ハンノーバーの動物園にて

第四十二信　七月十日　ハンブルグにて

これからベルリンへ飛びます。七時半頃には着く筈。

ハンブルグへはハンノーバーからバス（政府直管）で来ました。汽車より安くて、ゆかいでした。

このハンブルグ飛行場からロンドンで要るもの及び買った土産物を航空貨物便として例のトランク一ケ、ロンドン・ファーネス会社宛に直送。身軽になって、又お金があまったらお土

産をかえる。その貨物代金三十三マルク五十（約三千三百円也）。

第四十三信　七月十一日　ベルリンにて

昨日七時半頃伯林に到着。ひどい壊され方、まだ一向建物はもとの様になってゐない。やっと町角の尾張町四丁目角ぐらいを何とか直して店やが出ようといふところ。実に心がいたむ様な荒れ方。日本の場合は全部モエてなくなるがこっちの方はザンガイが無様なみにくい姿を晒《さら》してゐるのだから五年もたった今日なほそのままで全くひどい有様。

今日午前、バスで市内を一巡しました。ソビエト地区といふのもほんのちょっと入って、博物館跡を見せます。

第四十四信　七月十二日　ベルリンにて

ドイツ交通公社から伯林テンペルホーフ飛行場のＢＥＡにホテル・レザベーションはホテル・アム・ズウにしたとの通知があり、一泊。大きいがまだ落ち着きを取り戻してゐない。これはホテルのみならず伯林全体がそうだ。市中の破壊状態、人々の生活を見て、なりふりこそ立派だが、東京の方が落ち着いてゐるようだ。――もっとも絶えず西北からの脅威があるからね。

このホテル威張りくさって十四日フランクフルトへ飛ぶ日までといったら十二日まで三日間よりリザーブがしてないし、教会日とか何かの行事で泊り客が多いから駄目とヌカす。昨日午后近所のホテル・ペンション兼用のうちを見に行ったら、アム・ズウが十二マルク六十五かかるのに、かえって良い部屋が七マルクといふ。十三日まで待たずに、早速タキシーで移って来た〝ライプニッツ通りの角〟といふホテル。部屋のカーテンもアム・ズウよりしゃれてゐるし、油絵がやや大きなのが一つ、小さい額が二つも入ってゐて、カーテンも上等のが用《もち》ゐてある。街路から入った入口のところには大理石の待合椅子の大きな趣味の良いのが壁にはめ込んである。察するに戦前相当な人が住んでゐた住宅。部屋の調度も仲々良い。これで七マルク。食事は外でしてくれといふから夕食は近所に沢山あるレストラントで、不自由はしない。

飛行会社のインフォーメーション（ここではドイツ語のよりない――英語を英国人の言葉とは思はず使へばよいのにドイツ人の変な根性がここにも現れてゐる）を極度に利用するからホテルで部屋がないなんてヌカしても一向こまらない。お陰でよい部屋で、伯林滞在費の内二十マルク浮いて来た。それでおかあさんの喜びそうなものを買った。何だらう？　マミーだけでなく子供たちみんなが三度の食事ごとに喜ぶだらう。まだ余りがあるので軽い（僅か二百五十グラムの重量よりない）台秤を買った。七マルク五十、一グラムから二百五十グラムまではかれる。

手提げ鞄（エア・フランスがスマートなのをくれた）の中に入れて置いて手紙の重さをハカるのに便利。ことによるとムダにハる切手代のセーブでハカリの代金は出てくるかも知れぬ。この葉書も三枚は無理かなと思ったが取り出してハカって見ると十六グラム（二十グラムまで封書三十ペニッヒ也）旅行中使用して、飯ったらこれもマミーにあげます。一グラムキザミです。六十匁*ぐらいまでのものをはかるに使へます。台所で喜ばれそうな小物（そして重量の軽い）を少々買いました。ドイツ人の台所といふのはやはり進んでゐるらしいぞ。

このホテル――素人下宿といった方がよいアム・ズウに比べて静か、昨夜は十時から朝四時までほんとのジュクすいをしました。六時になってもこの中庭まだ静か、昨日はガンガンしてゐるところに泊まったのに、これは又ヒッソリ閑としてゐます。

右ホテルを引っ越して報告。

＊一匁（もんめ）＝三・七五グラム

ハンブルグで荷物の一部をロンドンのファーネス会社宛に飛行便で送ってしまったので身軽になった。十七キロ位より携行してゐない。おみやげ用のジャケット買ったよ。ハンノーバーで青よりなかった（伯林製）、伯林で黄色のを見付け又一つ。

第四十五信　七月十二日　ベルリンにて

今日ポツダムに行こうと、聞き合わすと英米佛の管轄外で（ソ連が管理）やめました。十四日のフランクフルト行き飛行機をエア・フランスで座席をブックし、昼食を簡単に済ませてズウ（戦前は有名な伯林動物園）に来てこの葉書を書いてゐます。ひどい荒れ方、悲惨そのもの、目下復旧をいそいでいる。人たちはそれでも一マルク拂って沢山子供づれで来てゐます。

五合位入る大ガラスコップでベリーナー・ワイス*という飲物をはじめて試みた。泡立ったビール少々、リンゴ汁ののみもの。

伯林動物園にて

＊ ドイツの名物ビールで、木苺やジュースを入れて飲まれる

第四十六信　七月十三日　ベルリンにて

シャーロッテンブルグ城といっているが市内の公園の中にある二百年位の建物、フリードリッヒウィルヘルムの住んでゐたところをミュージアムにしてゐたが、これも又ひどい空爆をうけて戦前の美しいドームはケシトンでしまってみにくい残がいがまだそのままです。行って見ると、希望の方にはこの建物の管理をしてゐるハウスマスターに申し出て下さいとしてあるので三十プエニッヒ拂って右翼の数室に飾りつけたのを見て来ました。中国のものが少々で京都の小さい骨トウ屋の方がもっともってゐる。

かわいそうに伯林はまだ美術どころではないのだ。復旧はやってゐますか？　と尋ねるとこの番人頭かなしそうにまだ金が出ませんからと答へた。

それからタキシーをつかまへて教授の邸宅がミューゼアムになってゐるところへ時間を気にしながらかけつけた。見せる日（開館）ではないらしい。いくらベルを押しても誰も出て来ない。警察犬をつれた巡査が二度も家のそとをぐるぐる廻ってドナって来てくれたが誰も出て来ない。故教授の秘書だった番人、外出らしい。

バスと電車で植物園へ。建物は全部やられてしまってゐるがさすが世界に誇った植物園、百花といいたいが万花ランマン。世界中の植物、樹木を集めてある。日本の部、我々の知らないものが多い位、ほとんど日本全国のものが集まってゐる。〝日本家屋〟といふのがマツかなにかにせもの、中国の亭《チン》をこさえて朱で塗ってある。――もっとも宮島の朱塗り回廊が手本だといはれたら、頭を下げねばならぬか。

少し早いが一方の入口のところのレストランで夕食。例のベリーナー・ワイスを一杯とって。

午后六時半、ボタニッシャー・ガーデンにて。明日はフランクフルトへ

第四十七信　七月十四日　フランクフルト・アム・マインにて

伯林を十一時に発って十二時四十分ライン・マイン飛行場着。バスで一時四十分当地着。飛行場にメッセージが届いてゐて宿舎が判る。タキシーで直ぐペンション・ウエーバーといふ小ざっぱりした下宿（朝食のみここで摂れる）八マルク。朝食がいろいろ出て二マルクとのこと。静かでお上りさんでガヤガヤしてゐないので大助かり。

午后三時から遊覧バスで市内一巡。二時間五マルク也。

ゲーテの生まれ、傑作を書いた家（バクゲキを受けたが協会の手で九〇パーセント原形に

復旧。什器は皆ソカイしてゐた由）。

マイン河畔が宿から五分。ベンチで書きかけたら夕立がきかけたので宿に皈《かえ》って、シャワー。雨も直ぐに上がる。まるで散水の様でかえって涼しくなる。伯林よりずっと涼しい。

ルーテルがいたとかいふ建物の破壊されたのもバスの上から眺め、植物園で半時間位、アマゾンの大蓮や虫食すみれ（大きなツリガネ草――小形のキユリの中を、皮だけに残して、口を上につけた様な袋があり、時々その口がシマル）など珍らし。

どうもドイツで私の気に入る都会の一つになりそう。第一静かでちょっと京都みたいなところもあります。フローレンスには及ばないが。

ゲーテの家、仲々面白いものがある。案内人が兵隊上りらしく、あまり知らないが、陳べてある小形の〝若きヴェルテルの悩み〟は一七七四年版だからゲーテが生きていた時の初版のものらしい。一冊ぐらい見付かれば――そして安くてポケットがその相談に乗ってくれれば――ほしい。イタリー紀行とともに。

ゲーテの父、法律家《べんごし》の書斎、母方の父フランクフルト町長の肖像、ゲーテの生まれた部屋、ゲーテが使った書斎、その使用した机など現存。イタリーへ行き買って皈った土産のバチカンのエッチング?など面白し。

第四十八信　七月十五日　フランクフルト

恒例により今日は日曜日なので朝ドームにホッホアムト*（ハイミサらしい）をのぞいたがひどく壊されてゐるところを目下再建中なのでパイプオルガンもないらしい。朝、宿でベデカ**を読んでいて少しおくれて行ったら司祭、何んか大声で三、五百人位の善男（?）善女にドナッテいた。司祭が第一、閉口だのに理屈っぽいドイツ司祭と来てはこっちが献金を貰っても御免と逃げ出して、ミューゼーを見に廻る。ベネチア硝子など美し。絵がセガンチニー一点、モネー二点、ルノアール二、三点、ちょっと良いなと思っただけ。ゲーテハウスは一時になったからもう今日は駄目。例によって動物園にてドイツ人の面《つら》を眺める。一マルクの入場料でドイツ人数千いや二、三万人の生活態度の一端を一度に見られ、ビール大コップ一杯（二分の一リットル）八十五ペニッヒで一時間休そく出来る。子供たちがゆかいそうにロバに乗せて貰ってこのテラ

* Hochamt（荘厳ミサ）
** ドイツでもっとも権威のあるガイドブック

スの下を通る。日吉の子供たち元気であれ！

時々シグレが出ますが五分ばかりヒドイ時、木かげか建物のヒサシに入って待ってゐると又通りすぎてしまいます。子供二人に通学用のコウモリ丈夫そうだから明日求めるつもりです。さようなら。

今日はパイプオルガン楽しめなかったから急に背後で鳴り出した。このレストランの楽隊。これもついてビール八十円はやすいね。

午后四時記　フランクフルト・アム・マインのズウにて

第四十九信　七月十七日　フランクフルトにて

フランクフルトは思はぬ拾ひ物。実にたのしいドイツの中都会でした。破壊を辛じてまぬかれた家、燃えたが外形が残って昔を偲ばす建物。それにゲーテがここで傑作のかずかずを書いたといふおまけもあって。

本日米軍司令部でウィーン行きのミリタリーパーミットが取れた。オーストリー領事のビザが先に要るので遠いところまでタキシーで行ってくる。

明十二時ストットガルトへ出発。

フランクフルト・アム・マインのゲーテの家のすぐ筋向い、塩の家《ザルツ・ハウス》(由緒あるレストラン也)にて。

ゲーテが生まれた一七五〇年の前後、このフランクフルトではザルツ・ハウスが一番金持で町の公共建物を作る時、寄附をしている。仲々上品なうまい家でした。そうしてそう高くない。食事を済ましてマイン河の畔り、河沿いの小公園を散歩する。ちょうど満月前後の月が昨日行った美術館の上に出てゐて河に光がくだけてゐる。心にくいほどシャレた町だと感じる。三郎様が、フランクフルトにもちょっと来るとロンドンへハンノーバーから通信をしてSASフランクフルト気付を知らして置いたら、手紙がついてゐた。

も一つ、グリンデルワルトのエミール・ストイリー*から松方(三郎)や(田口)二郎の友達とは是非来い、そして時期を聞いてやったのに対して、七月末に来いといって来た。予定通り、ウィーンを済ませでからチューリッヒに飛び、そしてグリンデルワルト及びチュルマットへ行く計画にしました。宿にて午后十時半。

* スイスの名ガイド。ピンテのオーナー。槇有恒氏、ガイドのフリッツ・ストイリ氏、ブラバント氏、アマター氏とともに、アイガー東山稜登攀の計画に参加するが、直前に盲腸炎になり同行を断念。

第五十信　七月十七日　フランクフルト・アム・マインの飛行場ライン・マインにて

良い天気、これからストットガルトへ飛びます。ここは大きな飛行場、十いくつかの飛行会社が出張して発着をしてゐます。七、八台はいつもとまってゐます。

この葉書は、ゲーテの勉強してゐた机、ここで傑作をいくつか書いた。机はソカイしてあった。

第五十一信　七月十八日　ストットガルトにて

フランクフルトよりもここの方がもっと親しみを感じます。ちょうどフランクフルトが下町なら、ここは山ノ手。或は宿が住宅地区にとってあったからかも知れない。

山があり、坂があり、青島《チンタオ》を思ひ出したからかも知れません。ここの人々はフランクフルトをおすが私はゲーテの思ひ出を除けばこの町です。SASに頼んだのでファミリー・ペンションをと指定して、私はドイツ語が少し話せるからトゥリスト・ホテルはきらいだと書いたのでSASの乗務員が泊る小ギレイなホテル・ハウス・シュワーブ（この地方はシュワーブとかシュワーベンとかいいます）といふ街の中心から少し遠いが町の北の方にあるこの住宅地の家をたのんでくれ、昨日はストットガルトのSASの支社長が自働車で自分で運轉して飛行場まで迎へに来てくれました。飛行場で新聞記者に十分ほど英独とりまぜて、日独の都市復興の話をして。昨夕はパリーの遊覧バスで知り合ったシュイングハンマー大佐（米、第七軍司令部の人）が明日の夕飯を御馳走すると、会いに来てくれました。

第五十二信　七月十八日

ストットガルトの町の中心からバスで三十分あまりでソリテュードといふところへ来ました。ここはソリテュード城（城といっても中世期末期のシュロス*は王様の住まいなので館か本陣といった方が日本人にはピッタリ判る）に来ました。十八世紀の西洋史上に活躍したウィルテンベルグ侯（選挙で王様を選挙する権限を持ってゐる侯爵）の住まいです。

今日の我々の眼で見ると田舎くさくて、しかも美術的なところもあまりないものだが場所が良い。小高い丘をいくつも越えてその一番高い（四百九十メートル）プラトーにこの館が建てられてゐる。ストットガルトの人たちがピックニックに沢山来てゐる。私は軽井沢は飛行機

＊ Schloß　城のこと

の上から見ただけしか知らないので比較出来ぬが、印度のシムラか、青島の様に山、丘、坂をもった樹（ぼだい樹の花がよい香りをただよわしてゐる。——今朝、宿で朝食にリンデン・ブルーメの香りがする蜜が出て、おいしかったよ）の多いドイツ第五、六番目の都市は実に親しみを感ずる。伯林がハイキョに等しい今日こういう都市が大きくなって行くことはドイツにとって不幸中の幸いかもしれません。ストットガルトが一番早く復興してきれいになった由。人口約五十万（フランクフルトはこれよりちょっと多いらしい）フランクフルトには遊覧バスが辛うじて出来たところだったが、ここは未だそれほどお客がないのでちょうどユウランバスをつくらうと相談してゐると交通公社のマネージャーが話してゐた。見たいところ三ケ所、私ひとりで市中のバスや鉄路で行くことにする。

二、三十年前のドイツ語は時々発音が違ったり、いいたい言葉が仲々出てこなかったりですが、ともかく迷子にならずに行けるから面白い。

この館の前にシュロス・ホテルといふのがあって料理をこのシュロス・ソリテュードの階下（といっても地面と同じレベルで、庭が見渡せて、街を目の前にちょっと下の方に見て仲々よい）のテラスに持って来る。二、三十椅子が並んでゐる。

肉スープのコンソメ（卵ドウフと米が五、六十粒入ってゐる）と牛の舌《ツンゲ》をとり、地ブドウ酒のうすい赤（ローズ色、白をといったがないといふ）をコップ一杯、これが今日の昼飯、仲々シャレてゐるでしょう。

このウィルテンベルグ侯カール・オイゲン侯は仲々当時勢力があり、詩人シラーがこの館で賓客として相当長く滞在して詩作にふけったところ。それで現代のドイツ人にはシュロス・ソリテュードはシラーによって有名です。

ストットガルトの郊外　シュロス・ソリテュード館にて　午后二時記

第五十三信　七月十九日　アイスリンゲン・アム・ネッカーにて

昨夕シュ大佐夫妻、息子ジョニー（十一歳）のお迎へで、ストットガルトの市内の純ドイツ式のレストランで大変御馳走になった。オードブルだけで満腹するほどで、カビアやその他いろいろ珍しいおいしいものをシュ夫人がとってくれ――こういふものを多量に摂ってしかもこれが初めで次々と出るし、ビールを食前にガブガブ飲むのでドイツ人は皆肥えるのですと。夫人も十何ポンド増えたとちょっと不平そう。大佐邸は三十分ほどのドライブ。十二時半着。

ホテルに今晩はおそいし、伊藤をこのアイスリンゲンに泊め、明朝送っていくと電話してくれる。持参のフィルム及びアメリカ紹介の三巻を屋外にキカイ、映字幕を出して。沢山部屋がありすぎるからといふことで好意に甘へる。今朝はまた純アメリカ式とそれにプラスドイツ式の朝食。この邸でジョニーが飼ってゐる鶏の卵二ケ付。

お昼はツッペリン伯ホテル（米軍レストラン）で。

カラーフィルム五本買って貰ふ。

大変な歓待をうけました。

ストットガルトの郊外　アイスリンゲン・アム・ネッカーのシュイングハンマー大佐邸にて

第五十四信　七月十九日　ルードヴィヒスブルグにて

三時シュイングハンマー一家の人々とお別れして、汽車で二十分。ルードヴィヒスブルグに来ました。バスを捜したが仲々来ないし、道を尋ねてシュロスの方へ地圖を見ながら歩く。途中シラー（ゲーテに次いでドイツ人が誇りとする大詩人）の像がある。ハハアここもシラーとゆかりがあるのかといった不案内さ、ウカツさです。ミューゼは美しいシュロス・パークの中にある。今日は来かたが遅く閉ってゐる。五時也。四時閉館と掲示を見て判る。途中一緒について来たポーランド青年（妻はハンノーバーと話してゐた）が明朝早く来なさいと親切げにいってくれる。

田舎大名の城の中に何があらうがタカが知れたもの、ギリシャ、ローマ、シシリーを歩いて来た男はこの国の自己心の強いドイツ人以上に天狗になってゐます。

シラーの遺跡の方がよっぽど魅力あり。マーケットプラッツで本屋の良いのにぶつかりちょっと買い物。飛行機だから軽いウスイ本ばかり也。シラーの住んだ家というのが二ケ所残ってゐる。現在その一軒はカッフェになって、何にも表示もない。中へ入ってカッフェ一杯。六時過ぎだからその隣りでドイツ式の食事を注文。地ブトウ酒一杯付スープ、豚肉の焼いた、野菜の沢山ついたもの、金三マルク六十也（三百五十円位）。

米兵が沢山入って来だした。時々こっちに目で挨拶する兵隊もゐる。ドイツはいやだよ。日本に行きたいといふ意味もある。

シラーが八年間ほど住んだアパートの壁には石板で掲示が出てゐました。部屋は他人が住んでゐる。今のドイツ人にはシラーも何にもないらしい。もっともここは南部也、北の方が人がよい。

第五十五信　七月二十日　ミュンヘンにて

ストットガルトを午后二時四十五分出発してミュンヘンに三時二十分に着きました。はじめてＫＬＭ（ロイヤル・ダッヂという和蘭の飛行会社）に乗って見ました。仲々サービスが良い。各飛行会社が競争してサービスしてゐます。この線は、アムステルダムからミュンヘン間だけですからダグラスの双発だったが猛烈なスピードを出す。予定より二十分位早く着いた。飛行場から市中の会社まで、そしてそのバスで下宿まで送ってくれた。三マルク位タキシー代が要らぬことになる。ミュンヘンは仲々興味のある町らしい。五日間滞在の予定にしてあります。これでドイツ巡礼の旅は終わりだし、ちょうどオペラ祭が催されてゐるので一度は覗いてみるつもりです。

ひどくハカイされてゐる。悲惨そのものです。（又、フランクフルトなどへ所用や、飛行機の都合で戻るが、これで一応ドイツ見物は終り）

第五十六信　七月二十三日　ミュンヘンにて

子供たち元気ですか。欧州は今年ひどく天候不順です。昨夜から大雨。それでも午后三時ごろやみ、暑い太陽が照り出した。出来合いの夏服とローマで求めた麻?の半ソデワイシャツで大助かり。ミュンヘンは実にきれいな町だったらしい。ドイツの芸術の都だったことが判ります。五日間の滞在では足りないらしいが、二十五日のウィーンへの飛行機ブックしました。オペラに二回、ゴウユウ也。

ハンノーバーで二週間も使ったのは惜しい気がします。しかし街の建物の六割はハカイされてしまったところですから復興はまだまだ。

博物館*の素晴らしさには頭を下げた。これも手ひどく破壊されたにもかかわらず、一九四九年十二月には復興にのり出して三分の二位現状に復したらしい。一九〇六年の創設で、延坪二万三千平方メートルの、機械学、自然科学の大規模のミューゼアム。地下三階になって、鉱山学を実地で教へ、天文、光学、音響学の機械等世界第一のもの。

ミュンヘンのこのイザールの河の名は私には昭和六年『ヒマラヤに挑戦して』(パウル・バウアー著)の翻訳以来のなじみ。

＊「ドイツ博物館」のこと。イザール河のほとりにあり、自然科学の博物館として有名

第五十七信　原文不明（七月二十四日のパウル・バウアー氏との会見日と思われる）

第五十八信　七月二十七日　ウィーンにて

ボエック氏が朝迎へに来てビュルガー・マイスター（市長）に会いに、この葉書のラートハウスに行く。きれいな本を一冊貰ふ。市長さんの訪問者署名帳に記名。

市庁詰めの記者（一名）にウィーン訪問の目的をたずねられて、今日午后三時ラジオウィーンのインタビューを受諾させられてしまふ。三十一日にチューリッヒへ飛ぶ予定を立てＳＡＳに聞き合わせＢＥＡのブック（予約）をたのんだ。

午后三時大雨。これではインタビューもなからうとしばらく長椅子で伸々《のびのび》と横になって睡眠。ドアー（二重になってゐる。厚いのがもう一枚ある）をノックする音で目がさめた。雨もからっと上って、ドクター・ソキボエッツとかいふラジオ・ウィーンの先生があらわれた。窓からヒモをツリ下げるので覗くと下にラジオカーが録音の用意。シャベルのは十分ほどだが、このドクターと三十分位いろいろ話して、ラジオ先生その中から二問をえらび出してくれる。質問に答へる対談形式、文法をなほしてくれて第一問にはドイツ語で答へ、第二問は長いので英語でカンベンして貰ふ。そのあとでこの博士がドイツ語に翻訳。

第五十九信　七月二十八日　ウィーンにて

昨日は朝九時ボエック氏のところから技師で英語を話す人が車をもってウィーンの復興事業＝ウィーン再建の視察に案内してくれる。昨日は快晴でめぐまれた。

私一人では入れないであらうソ連管理地区も案内してくれる。ベルリンと違ってソ連区とはいへ通貨も同じ、警察官もウィーンだけの。その地区内の建設再建もウィーンのバウラートが担当してゐる。ボ氏が私一人ではこれこれの地区へは入るな、万一ソ連側にツカマッてはあなたの貴重な時間をツブしてしまふからとのことであった。市の人が一緒なら不安はないからと。

丘の上のレストランで昼を御馳走になる。途中ベートーベンゆかりの地に寄ってくれる。街も世界一美しいというがそれを取り巻く環境はこれまた世界有数也。立派なドライブウェー。ドナウ河を俯瞰《ふかん》した眺めはママを連れて来て見せてあげたい。ウィーンはローマとともに住んで——或いは永住してもよいね。人々も淑《しと》やかだし、ドイツ系とは思へない位。

さすが芸術の都。四時まで案内して貰ふ。その代わり明日は又、建設大臣がウィーンにゐたら会へと。御厚意とこっちのゴメイワクとを交ぜての御接待也。

昨日の昼飯はこの葉書のところで、ちょうど左の建物がレストランです。その建物の左手の先に小さい緑地が小パークの様な感じに出来てゐて、左の方に（葉書の）第五十九信Cの葉書の景色が、右手の方に第五十九信Dの風景――ウィーンの街とははるか向ふに空と接するところオーストリーの国境の山並みがつらなってそれをやや右手で越へると向ふの側はハンガリーの国となり、やや左手の方で越すとすぐチェコスロバキヤの国になります。このウィーンを囲繞《いじょう》するドライブウエーは一九三六年に出来たと、このゲートに石をはめてキザンでありました。この建物自体は割に新しいが、ここが城砦になったのは九世紀ごろらしい。

これはレオポルドベルグといひ、レオポルド帝の名を取った城砦、ドナウ河の向ふ側東北にある。これは欧州が東北から匈奴《きょうど》（フン族）と称せられるアジア民族の侵入に悩まされて鉄のカーテンをつくったわけです。これが東西を隔てる境でした。

小高い丘が連なって監視に便利だったのでドナウを境としてアジア民族と欧ロッパ民族が対峙《たいじ》してゐた頃の遺跡です。その頃はウィーンも現在の河畔の場所では危険極まりないのでこの大きなドテの西側にクロスターノイブルグと今いはれてゐる。この丘の連なりの蔭に村があったのです。（それでウィーンより古い町です）有名なニュールンベルゲン物語（ドイツの八犬傳?・）のニュールンベルゲン・ストラッセはそこを通ってゐます。

第二部のウィーンの巻に出てくる。

この葉書は昨二十七日のランチを食べたところ。第五十九信Bの左側の建物の先です。風が強すぎるので（ウィーンはストーミイな街、そして夏はよく雨がある）。このドナウはよく氾濫してゐて、河川の堤防の内側の草地（河川敷）は年に二回は必ず水浸しになる。まるで利根川の様に猛烈で、しかも流れは早い。秒速三、四メートルといふから山岳河川です。歌に名高いドナウの漣はストウミイだし急流だから漣どころか大波さえ立つが、色は（いはない方がよいかな）黄河や揚子江の様に泥で黄色。

ウィーンの建設事業はむつかしい問題の様だ。全オーストリーの人口の三分の一に当たる六百万人がウィーンに住んでゐる。日本の全人口の十分の一の東京がいろいろ困ってゐることから考へても。

この戦争でしかも市中の建物ウンとこわされてしまった。三分の一或いはそれ以上の被害を受け目下復興をいそいでゐます。このウィーンの市長さんから東京市長へメッセージの傳達をたのまれました。

至極元気です。

八月一日、スイスのベルンで三郎大兄と會う手筈にしました。

日吉の子供たち皆元気だらうか。

第六十信　七月三十一日朝　ウィーンにて

ウィーンの六日間は実にたのしかった。物価も高くない。人々の顔を見てゐると東西の混血が見られるが、実にきれいな顔立ちの女が多い。人々の態度もシトヤカだ。ゴツゴツしたドイツにこういふ処があったのだからウィーンはよけいに有名になったのかもしれない——もっともオーストリーだけで独立王国で廣大な面積を占めた時もある。ここの民族博物館はミュンヘンのドイツ工業博物館とともに感心した。もう二、三年もしたら又きっと世界一美しいところになる。おかあさんを連れて来てあげよう。市公会堂の古風なレストランで隣のテーブルで二人のきれいな奥様が、お昼、サラダだけをとってジョッキでキューとビールをいっきにのんてゐる。（ビールは一・五シル　二十円、サラダとパンで四シル＝六十円位）　これからチューリッヒ↓ベルンへ直行。

第六十一信　七月三十一日

朝六時半にＢＥＡのオフィスへタキシーで。

七時十分のバスで飛行場に向かふ。町から仲々遠い。ソ連が市のはずれにある飛行場を使はせないので米軍の飛行場へ三、四十分バスで揺られて行く。

ダニューブの上を飛んでゐます。大きな河、しかし、山岳河川で、上流が荒れてゐるとみえて泥色に濁ってゐる。

ＢＥはこれで二度かな、（或いは三度目かもしれない）これは欧州線であまり大きくない。

天気はちょっとくもって来た。ウィーンからチューリッヒへの機上から。

第六十二信　七月三十一日　チューリッヒにて

十時過ぎ到着。チューリッヒの暑いのには驚いた。バスに乗ると皆上着を脱いであえいでゐる。

チューリッヒは今回は素通り。ＳＡＳへ手紙を見に行く。手提げ二つと写真機だけで汗だくだく。湖畔のレストランでアイスクリーム・ソーダ一杯でほっとする。二スイスフランと十プェニヒのチップ＝二百円位になる。――ウィーンはこれに比べると万事やすかった。アイスクリームのうまいのが二シルか三シル（三十五円か五十円位）お土産をウィーンで仕入れて置いたのはさすが先見の明だった。（ウィーンで三回銀行に行った）その代わり所持金が心もとなくなったがスイスの山登り位やめにするカクゴが出来たから也。

三郎さんからの連絡が来て、チューリッヒはアトまわしにしてベルンに来いとある。

第六十三信　八月二日朝　ベルンにて

三十一日の午后当地に汽車で着いた。

昨日は午前中遊覧バス。八月一日はスイスの建国祭（ブンデスターク）。五時から（大夕立が来そうだから宿にちょっと帰ったが）いろいろな催しがあった。いろとりどりの旗、二十二カントン（とか二十五とか）の旗が並ぶ。

朝のうちに議会内部クマなく見て置いたのでスイスの政治――民主的な政治のモデル―

―が判っておもしろかったよ。

駅に新聞を買ひに行き（午后店屋全部休業、駅の売店のみあいてゐる）ちょうど三郎大兄が乗ってゐそうな汽車の到着があるので十分まったらユウユウと御入来。

夕食はゴウセイな所で（僕が昼間ここで夕食をタカロウと見当をつけて置いた）御馳走になる。花火もおもしろし。

今日十四時グリンデルワルトへ向ひます。三郎兄と朝日の島田さんの三人。

第六十四信　八月二日　グリンデルワルトにて

昨日三郎兄さんと、あとで朝日（新聞社）の島田巽さんがベルンに来られて、スイスのブンデスターク（建国記念日）の催しを夕方見に行く。夕食を（私が自分で食べに行くのよりゴウセイだよ）御馳走になりながら花火や建物に照明してゐるのをながめながら。

今日三人でアルパイン・ミューゼアムを訪ね（私は二回目）、二時ベルンをたって汽車でグリンデルワルトへ。

駅には山案内人をやめてホテルの主人になってゐるストイリー老とスイス国務大臣《ブンデス・ラート》になっ

てゐるブラヴァンド*が出迎へに来てゐる。

歩いて十分位でそのホテルの前のテラスで一杯飲んでゐます。三郎兄さんはテーだが。

グリンデルワルト・ホテル・ベルビューにて

「ゲンさんにつられて、グリンデルワルトから御機嫌を伺う。どうせこの手紙がつく時には心配してもおっつくまいが、心配をかけるようなことは誰もしない。だが山はよし　三郎」

第六十五信　八月五日　グリンデルワルトにて

このゼッセルバーン（牽道車）でグリンデルワルト（海抜約千メートル）から海抜二千百六十八メートルのフィルストといふところへ来て、アルプ（山の牧場）の高山植物がジュウタンをしきつめたところに腰をおろして、この葉書を書いてゐます。朝八時四十四分の電車で三郎兄さんと朝日の島田氏を送って、教會にパイプオルガンを聴きに行き、十時から十二時すぎまでお墓が並んでゐるところで一郎**君の霊を慰めてやり（ここにイチロウ・タグチ・ア

*　サミエル・ブラバント　山岳ガイド。槇有恒氏とアイガー東山稜登攀。のちの国務大臣

**　田口一郎氏のこと

ウス・トウキョウ　一九一一年－一九四一としるしたミカゲ石の平たい墓がある。昨日、彼の命日のちょうど六日前の日にあたる日三人とエミール・ストイリー老とで花を供へたのだが、今日は日曜なので、又訪ねた）、エミールのところで例により昼食を済ませ、天気が良いので、昨日三人で一緒に来たフィルストまで又来ました。ほんとによい景色でマミや子供たちみんなを連れて来てやりたい。三十分で千メートル以上登ってしまうのですから、実に楽で、美しい景色をたのしめます。眺望は実に天下に冠たるもの。昨日はくもってちっとも眺望が利かず、レストランでフラウ・マーサ・メルクルの心からの歓待を受け——槇さんがアイガーの東山稜＝直ぐ目の前に雄大な尾根を伸してゐます＝を初登攀《とうはん》の折（一九二一年の夏）当時十四歳で、白い服に青いリボンとバンドをしてヘル・マキ*にグリンデルワルトの村民一同を代表して花束をあげたら、ヘル・マキは私を肩の上にのせて（肩車）宿まで戻ったと話をマーサから直接聞いたし、マツカタの思い出も＝二十六年昔の話＝聞いて楽しかった。天気がもし昨日よかってもお話に夢中で、みんなは景色は目に入らなかったかも知れない。

＊ 槇有恒氏のこと

今日は天気は良し、明日からちょっと行って来ようとしてゐるウェッターホーン（三七〇三メートル）も左手に大きく聳えてゐる。独りでも行けると思ふが、マミーが心配するといけないからエミールの息子のガイドをやってゐるウィリーをたのんで行きます。ウィリーの「シャレー」村の上の方にあるキレイな山小舎風の外見を持ったホテルに泊まって三度ずつ村の中央にあるエミールのホテル・ベルビュー（昔の名前はピンテ――今もかけてある）に食べに行く。

昨日現スイス国務大臣サミエル・ブラヴァンドの両親らの運轉でグリムゼーへ半日のピクニックに行き山の景色と、スバラシイ水力発電気の工事現場を視察――ブラヴァンド氏は現在この方面の仕事の二つの省の長です。この人の説明をしてもらったのだから本式。私もグリンデルワルトは山登りよりもスイス公共事業視察の公務ですよ。ほんとに。ピクニックに行く時はおいしいランチを（紙に一つ宛つつんでユデ卵、お菓子まで入って）持って行く。ほんとに一度皆んなを連れて来てやりたいね。

今日は美しい写真が沢山出来そうです。アルプの草花の上にねころんで放牧の牛のむれがカランコロンと鈴を今、響かせてゐるところで、山の雲が逃げるのを待ちながら。

レストランの前では、八月第一日曜だから毎年の恒例でダンスを村の娘たちや若者、旅行者がやってゐます。ママもダンスのケイコいまからしておくかね。俺は下手だからあなたが上手になってくれ。

グリンデルワルトのフィルストにて

ここからメンヒが見えないだけで、アイガー、ユングフラウ、ウェッターホーンなど皆見えます。きれいだよ。

第六十六信　八月六日　グレックシュタイン山小舎にて

今日は昼飯を済ましてベルグ・ヒューラー*のウイリイ・ストイリー（三十九歳）とバスでホテル・ウェッターホーンの前まで来て、二時からオーバー・グリンデルワルト氷河の谷を遡行《そこう》。約一時間でシャレー・ミルヒバッハ（ミルクの河――氷河のすぐ下の水流は白く濁ってゐるので）暑い日盛りを登ったのでここのバルコニーでコカコラを摂り、いよいよ登り、私設道路を行くので一人一フラン宛払ふ。十フラン拂ってもよい位によく手入れがしてある。途中難場は頑丈な丸太でハシゴを拵《こしら》えたり、鉄のテスリをつけたりしてある。氷河といふものに

* Berg Fuehrer　登山ガイド

生まれてはじめてお目にかかる。借りたヴィブラムの靴が実によく利く、氷でも。岩なんか少々ヌレてゐても平気。

五時SAC（Schweizer Alpen Club）のこの小舎に到着。すばらしい。山小舎も、景色も、天気も。

第六十七信　八月七日夜　グリンデルワルトにて

今日はグレックシュタイン山小舎で一時半に起きてローソクの光で服装をととのへてゐるとビリーがドアをノック（大部屋でなく、三フランよけいに拂って、大部屋は三フラン——小さい部屋だが、スバラシイスプリングのおそらくスイス第一の設備の良いベッド、下のホテルとかはらない。チャンと洗面器もタライだけだがついてゐる）ヘルはもう起きて用意してゐたのか？と。

下の食堂で他の三組と食事。（各人持参のものでビリーがチャンとつくってくれてゐた）

二時五十分カンテラをつけて出発。他の三組は三十分位前に出発したが、ビリーは六フィート従って足が長い。氷河を数回ヨコギッテ登る。私が岩に慣れてゐて素人でないと判ると尾根つたいに攀《よじ》り出して他の組を抜く。コルから雪ばかり。しばらく休んで、七時半頂上。槇さんのアイガーがすばらしい。写真数枚。八時下る。靴が借りもので細いのでまいったね。案内人の靴はさすが登り用。小舎着十二時。この時はビリ尻。三時までヒル寝。天気悪くなる。五時半シャレー・ミルヒバッハ。六時ごろホテル・ウェッターホーン。七時ピンテへ皈着。十五年振りの山登り。ツカレタね。

第六十八信　八月八日　チェルマットにて

昨日は夕方から天気モヨウが少々あやしくなったと思ったら九時ごろから大雨、朝方まで續きました。エミールとウイリイの両ストイリーに〝チェルマットで楽しい山登りをして来て下さいと送られて、グリンデルワルトに皈って来たらミッテルレギー（槇さんの小舎がある尾根）に行きましょう〟と、ビリーは早く皈って来てほしい様子也。

遠足のお弁当は紙袋に入れて貰ってG・ITOと金色の名が入ったベントの真新しいピッケルをかかえて小雨の中をグリンデルワルト駅へ。靴底にはヴィブラムといふゴム（日本から持って行った茶色のクツ）がついたので道を歩くのも気持ちが良い。

途中三回汽車をのりかえて六時にチェルマットへ着いた。小雨の中を覚えておいた方向に歩いてグラーベンについたら五十過ぎの伊太利系の顔のオバチャンが〝あなたは数年前に来たのではない?〟と驚いてゐる。どうしまして、チェルマットどころか〝スイスは今回が初めてですよ〟(夢には二十五年位前に来てたかも知れないが)あとからホテルの案内人が手ブラで舨って来た。旦那さん旅行じゃなし、出迎へなんて想像しなかった。

ママからの航空便(八月二日付の手紙在中)嬉しかったね。子供たちの写真。坊大きくなったね。

第六十九信　八月九日　チェルマットにて

アレキサンダー・グラーベン宛にグリンデルワルトのエミール老から頼んで置いたのでガイドが一時半に来るといふ。それを待ちながら。

千六百メートルの標高で少々寒い。六時に起きて駅前まで航空便を出しに行く。六時半、ふりかえると朝もやの中からマッターホーンが——昨日の雨は山では雪にかわって真っ白な新雪が蔽《おお》ってゐる。頂上付近が白金《しろがね》の様に輝いてゐる。村人はまだ眠ってゐる。

大きなパン籠を背おった十七、八歳の子供が通ったきり。グリンデルワルトより田舎で、畫間のオビタダシイ避暑客とカモを待ってゐる沢山のガイドを別にすれば、私はここは好きだな。土産物屋の並んだ一軒ウラへ入るとまるで日本でいへば飛騨の山奥みたいな村だ。ママ！　二十五年後にきっと文雄がママを引っ張って来るよ。

今日の山はこの絵葉書よりもっと真っ白だよ。

第七十信　八月十一日　チェルマットにて

まだ天候が定まりませんから山へは登れません。昨夜チェルマットの靴屋（ブルゲナーといふここで一番良いといふ。私はヴィブラムゴム底の登山靴を借りました）の前でドイツ人の若者に日本語で呼びかけられ——それは大阪のある会社の社長の独・英語の通訳——一驚き。チェルマット散策のプランを教へてあげた。

ゼッセルバーン（椅子昇降機—チェアリフト）で、このゾンネッグへ行ってみなさいといっておいたので小生も今日午后から五フランふんぱつして登ってみました。

あったかいし（午前中ゴルナークラートへ行ったこの人たち、私の貸したこのスエーターとウインドヤッケで大助かりの由）、景色は仲々よろしい

第七十一信　八月十三日朝　チェルマットにて

ここは伊太利との國境に近いせいか、カソリックの勢力はたいへんなものです。

昨日土曜日だったが写真を撮りに出た序《ついで》に六時半のミサへ入って見たところ左側に四、五十人の女の人、右側にやはり同数、しかも後列の三つ並びは山案内人《ベルグ・ヒューラー》で一杯でした。六人もの司祭が何やらグダグダいってゐる。これじゃグリンデルワルトに比較して村が貧乏くさいわけです。（国務大臣ザミ・ブラヴァンド氏がグリンデルワルトのこの附近はカソリックでないから公共施設が出来ますと）

天気は良いのに、今日は日曜だから教会へ行かねばならぬといって山登りはしないとガイド、ペーレン・ゴットリープはいう。（リッフエルホーンでランチをとってゐる時に胸にイーコンをかけてゐるのを見ました）

しかし、遊びはよいそうで、ゴルナーグラートの中途にある岩山に遊びに行くことにしました。十時の車をつかまへて。（一時間か一時間半位のところを十二フランか十三フランだから東京――京都往復位の運賃。但しガイドは三分の一で四フラン）

その車が第七十一信Ａの葉書。岩山はリッフェルホーン（二九三一メートル）。駅から三十分位でリッフェルホーンの頂上。一休みしてゴルナーグラート氷河に綱《ザイル》をつけて降る。私が先に（ガイドの方がエライから）。今度は岩稜をペーレンが先頭で登る。

上下で一時間半。芦屋の岩より面白くちょっとスゴミさへ味はった。彼、今までこんな岩登りのうまい人（素人）ははじめてと、まるでカモシカかカッツェ（猫）みたいにと。ミスター・イトウにはむつかしいところはありませんと。——二十五年の年期を入れてますよ。

第七十二信　八月十三日夜　チェルマットにて

昨日天気は上々だったのに——出発後三ケ月目の日だから天気も良かったに違いない——今日は少々雲がかかったり、怪しい天気。

足の筋肉が少々コッテ、ツッパルので、今日は散歩がてらここまで登りました。

シュワルツゼー（二五八九メートル）という天下の絶景の一つ（絶景一万くらいあるんだらう）チェルマットが一六二〇メートルだから大分登り也。

昨日といひ今日といひ二十年ぶりの体ソウはさすがのゲンさんにも相当こたへる。

昨日ガイドがほめたり感心したりするから、It was very difficult to follow a swiss

Bergfuhrer of A class, I found とケンソンしておく。一ケ月ゐたいね。するとガイドなんかこっちがしてやって百フラン宛頂戴するよ。よい商売ですよこれは。
皈りはツムットの村を廻って。三度、小、中雨。

第七十三信　八月十六日夜　マッターホーン・ホテルにて

マッターホーンの尾根の上に小舎が二つあってヘルンリ小舎といふのがSACので有名。その隣りにこの大きなホテル・ベルベドール（イタリー語から来たnice to seeといふ意味）がある。マッターホーン・ホテルともいふ。

十四日の夜、山案内人のペレン・ゴットリーブがこのホテルから電話をかけて来て、天気が良いと思ふから上がって来いと。

十五日チェルマットから、シュワルツゼーを経て、上天気。仲々良い写真が沢山撮れたと思ふ。——ここまで上がって来た。

今朝(十六日)午前四時。何たること、雪が降ってゐる。八時、戸外に出て見ると一吋*以上積っ

＊　一吋（インチ）＝二・五四センチメートル

てゐる。しかし陽が当たりだして十時には全く新雪は消へる。まぶしいほどキラキラした景観也。夜七時半か八時頃、満月が顔を出した。やがて霧も全部しずまりすばらしい夜景——まるで夢の世界。山がスゴク幻想的です。

第七十四信　八月十八日夜

十五日の夕方ここへ上って来て、翌日十六日は思はぬ雪、朝には一吋以上も積ってゐて、休養。夜、満月。

十七日、案内人ペレン・ゴットリーブは他の上客を見付けて五時頃出発。六時、ベッドに寝て居れず、上天気なので写真を撮るだけのつもりで七時出発。

十一時二十分、途中のソルベイ小舎着。いくつかのパーティー、中には婦人もいる。

遂に頂上に立つ。二時二十五分。天気は上々なれど寒し。四十分頂上発、下り。

途中二人組のザイルパーティーに加はる——(そのためにかえって時間がかかると思ったが安全性を増すので加はる)。

ソルベイ皈着八時二十分。あとからあとから四、五組皈って来て、小さい小舎に十六、七人泊まる。チェルマットの灯美し。
十八日、七時出発。九時半、ベルベドールに皈る。天気は上々、体の調子よし、この上もない休養日。夜はまた満月で美し。明日はチェルマットへくだる。
マッターホーンのヘルリン尾根のホテル・ベルベドール（海抜三二九八メートル）にて
この山（マッターホーン）の容《かたち》は実にすっきりしてゐて美しい。この山は好きです。しかし山をとりかこむその住民たちの人情なつかしさといふ点になるとグリンデルワルトに及ばない。槇さんのお蔭でしょうね。ウィンパー（一八六五年初登攀）もそうであったと想像します。

第七十五信　八月二十五日　グリンデルワルトにて

十九日の朝、マッターホーンの山ホテル小舎で数人が望遠鏡を覗き込んでゐる。順番を待ってのぞいて見ると二人組の若者がフルググラートを途中まで登って一休みしてゐる。山案内人のペーレンの腑抜けめ。この俺の目の方が高かった。

この二人は成功する。こんな頼りにならぬ案内とツムットの雪の上をモソモソするのはいやになって、山を下る。

グラーベン・ホテルの管理人フラウ・ペーレン残念がってこの次の年是非来て、弟のアレンキサンダー・グラーベンを必ずお供さすから、と。来年は来れそうもないが二十五年後に息子が母親を連れて来るから――絶対に一人で登らせない様にといって。人夫にも金を拂って――日本人の一言は決して破らないといって「ムダ金」を拂う。

十九日夜、グリンデルワルト皈着。

グリンデルワルトでの生活は昔の有名な山案内人《ベルグ・ヒューラー》エミール・ストイリー（現在は村長）の経営する〝ピンテ〟で三度三度の食事をし、寝るのはちょうどこの写真の様な山小舎《シャレー》風の家〝デン・グレッチェルン・ビイ〟（息子ビリーの住居）です。

グリンデルワルトのストイリー一家に一人男の子がゐて、ピーター、一年三ケ月というからちょうど文雄くらい――文雄の方が六ケ月大きい。時々私のところに来る。

グリンデルワルトは槇、松方、浦松（佐美太郎）とみんながゴウ遊したお蔭で一文もなくとも何日でも居れる。

このストイリー老、現在では村長さんで、しかもピンテ・ホテルの御主人だから毎日食事に来て、酒もほしければのんで、タバコ銭もなくなってタバコを帳場から貰ってゐる。

たのめば小遣いも貸してくれるだらう。実によい所だよ。昔オヤジが散財したお茶屋みたいなものだね。しかもゴチソウしてくれる。

第七十六信　九月十二日　グリンデルワルトにて

あまり毎日物を書いたり勉強してゐると皆が〝ブレーク〟をすすめる。ちょうどそう思ってゐたところだったのでこの絵葉書の谷の奥にある山小舎へ一泊の散歩をすることにした。ユングフラウヨッホに行くと世界一に高さも料金も高い登山鉄道がある。四十フランだから往復約三千六百円ほどかかる。片道一時間くらいでユングフラウ、メンヒが見られる。――便利なものがあればやはり人間は利用するね。

この谷はウンタラー・グリンデルワルト・グレッチャー*といふ。(ウェッターホーンの方がオーバラー・グリンデルワルト・グレッチャー) 夜中でも大雪崩の音が響いてくる。ちょうど馬蹄形の狭まった口がこの村に向いてゐるので、ちょっとしたナダレでもコダマしてくる。

* Unterer(Oberer) Grindelwald Gletscher　下(上)氷河

・グリンデルワルト（約一〇〇〇メートル）
・ベーレエック（一六四九メートル）茶店あり
・ベエニスエック（一七七三メートル）景色よし
・シュワルツエック・ヒュッテ（二四八九メートル）
・シュトラールエック・ヒュッテ（二六九一メートル）グリンデルワルトから六時間といはれる。

十日の朝、九時半ごろ、食料をちょっとしこんで。〝ピンテ〟の奥さんエルンストはパックド・ランチを三つもくれた。上の方のシュトラールエック・ヒュッテは山のホテルみたいなもので小舎番はいる筈だが、お客が少なくなったから今日はいるかどうか判らぬからといって。

天気は良し。暑くて汗が出るほど。
登るに従って景色は良くなる。アイガーの東尾根ヘルンリがすばらしい。
途中、シャレー造りの民家――貸室をする――が沢山ある。
ベーレエックの茶店でタンサン水。
途中、二人のドイツ青年と一緒になり独英語で二、三時間話しづれが出来た。

○印のところは仲々よい見晴らし也。

それから道はちょっと悪くなる。右手に氷河のセラックスの大きなのを見ながら、クライネ・シュレックホーンからの氷河から流れる水で昼食をし、メン羊が放牧してある。——ぶらぶら写真もとったりしてシュワルツエック・ヒュッテに四時半ごろ。

シュトラールエック・ヒュッテ小舎番いないし景色はよくない。シュワルエック・ヒュッテに泊る。一人で小舎を独占して、夜十時ごろドイツ青年一人来る。

この小舎は一八八六、七年といふ古いもの。鼠がゐるらしい。新しく上のほうに建てたシュトラール・ヒュッテを人々はすすめるが、この絵葉書の左手に高い尾根があってこの写真の様なアイガーの眺めはかくされてしまふ。ホテルに泊まりに来たのではないし、かえって古い小舎のほうが景色がすばらしい。三、四丁下までバケツ二つ、水注ぎ二つを持って水汲みに行く。即席スープさえ作れば食事にはことかかぬ。

山小舎には什器《じゅうき》一切、紅茶漉しまで備へてある。カマドで持ってきた新聞だけでスープ、コーヒーの湯が出来た。薪は片手で握れるほどの一束、二尺くらいのが二・五フラン也。

立山の室堂の冬の薪も高いがこれは又その数倍。——小舎の使用量は四フラン、ＳＡＣの会員なら一フラン。

しまった。ローソクを忘れた。小舎中さがすが、マッチはあるが、ローソクはなし。八時ごろ暗くなってあたりは見えなくなったので、ベッド――藁を沢山入れただけの上に布を敷く。五、六枚よさそうなのを。

翌十一日の夕方は、マルモラ・ブリッケの方をまわって、グリンデルワルトへ。

第七十七信　九月十七日　グリンデルワルトにて

グリンデルワルトはこのアイガー（三九七四メートル）の北の麓にある人口約三千人位の村です。旅行者が夏の盛りは二、三千人位、通過だけでの人はその他にやはりそれ位はあるでしょう。村の人々は人なつこい――日本人にはヘル・マキのお蔭で一入《ひとしお》親しそうに話かける。東にウェッターホーン（三七〇四メートル）がそびえてゐる。家々、ホテルはこの谷あい、右手に見えるスロープの南斜面に建ってゐる。

私は今日まで〝デン・グレッチェルン・ビイ〟（氷河のそば）といふしゃれた山小舎風造りの家に寝泊りし、三度の食事は下の大通り（村にはこの道一本よりない）のホテル・ベルビューと〝ピンテ〟という昔名のほうが通りがよいレストラン兼宿屋に村長エミール・ストイリー老のところにやってきて、一日山を見ながら原稿書きや新聞で勉強。

今日から、寝泊りも〝ピンテ〟に移る。

第七十八信　九月二十四日　チューリッヒにて

二十一日電報を受け取ったので二十二日にチューリッヒに急行。グリンデルワルトの駅まで文雄より六ケ月小さいエミール・ストイリー老の孫、ピーターが送って来てくれる。

エミール老が自働車で先に荷物を駅までもって行って置いてくれて、皈ってきて、ベルモット、ジンで乾杯してくれる。フラウ・エルンスト・ストイリーがクリームコーヒーとキルシュワッサー*を出してくれたあとのなので、駅についたら汗。ホテルの支拂いは日本へ皈ってからでよいといふ。この次は文雄がグリンデルワルトにやって来てこのピーターを山案内《ガイド》に頼むことだらうと話してゐた。次にマミーも一緒にと。

* Kirschwasser　サクランボを発酵させた蒸留酒。アルコール度数は四〇度ある

ほんとにグリンデルワルトはあたたか味のある人々。チェルマットにはこの空気はないね。汽車三等で上等。大ていの人は三等で内部もきれい。途中ルッチェルンを過ぎる。湖のそばで良い景色。今度は割愛した。チューリッヒに午后四時頃着く。（土曜日）この前七月三十日に立ち寄って四、五時間でベルンに行ったところ。

今度はマドリッド行き飛行機にのる日まで滞在する。

第七十九信　九月二十九日　マドリッドにて

二十七日スイスのチューリッヒからバルセロナを経由してスペインの首都マドリッドに来ました。スペインの国土のほとんどは赤土の高原。ここも海抜二千三百フィート*、そこに人口百八十万の大都会が忽然《こつぜん》として出現してゐる。

十六、十七、十八世紀に世界に覇をとなへただけに、戦後の疲弊の中にも、とんでもない大

＊　一フィート＝三〇・四八センチメートル

変な貴族が住んでゐる。

セルヴァンテスのドンキホーテとサンチョパンサの銅像がある公園にて。

明日リスボンへ。

『ドンキホーテ』といふ傑作を書いたセルヴァンテス（一五四七－一六一六）はスペインの人。この文豪の名誉のためマドリッドの旧王宮の前のエスパニヤ廣場にその作品の主人公ドンキホーテと忠実なサンチョパンサの銅像が出来てゐて、その前で子供たちが遊んでゐる。マドリッドの人口は昔から多く、現在百八十万人。高い建物が多い。私の泊ってゐるホテルも七階にある。八階建の建物也（日本式には九階）。

この絵葉書のうしろの建物は目下建築中のもので二十四階、マドリッド一の高いもの。

スペインは今は衰へているが一五八八年にその無敵艦隊をトラファルガーでイギリスに破られるまで世界第一の強国であった。

一三九四年、ヘンリー航海親王が出て、世界中の未開拓地をスペイン領や、ポルトガル領にする基をつくった。

コロンブスの北米発見（ポルトガル人バスコ・ダ・ガマが印度に行った）。マゼランが世界周航に成功したのは皆スペインの富強に役立った。

アフリカ・北アメリカ・南米・フィリッピンはその領地だった。すばらしい富が十五、十六、十七、十八世紀、十九世紀までに蓄積された。

すばらしい富を五世紀間にわたってためた国はとんでもない貴族、金持ちがすんでゐる。

戦後、スペインの國は貧乏し、しかも第二次世界大戦前後の内乱と革命で王家は国を追はれ、人民戦線とフランコ将軍の血と血のはげしい内乱のあと、国の財政は疲弊の極に達してゐるが（一九四八年には対米一〇・九五ペセタ、現在三九・六五ペセタ）。

最近イタリーのベニスで或るスペインの貴族は一晩五万米弗という豪華なパーティーをしたといって、法王様がオコッテいる。フットボールに人気を奪われたとはいへ、三万人の観衆を入れるトロス（闘牛）の切符は、金曜の朝聞いたが売り切れだった。

第八十信　十月一日　リスボン

昨日マドリッドから飛来。僅か二時間で砂漠の中の大セットの様な、しかも二千フィートの高原の都会から今度の欧州大陸のほとんど西端にある港都、ポルトガルのリスボンに来た。

潮風が仲々強く、朝夕、海からの時雨《スコール》がサッと来て一過する。ローマの様に七つの丘の上に長崎の様な感じのする町がある。スペインの番頭みたいなことをやって、あとで独立して王国を作った。遂に十五、十六世紀にはスペインに次ぐ強国になった。

しかし昔、アフリカのモーアの土地だったのでその血が混ってゐるのか、スペイン人ほど美しくはない。國富は相当なものらしい。昔カッパラッタ寶《たから》は大したもの也。

第八十一信　十月四日　フランクフルトにて

三日の朝四時といふ時間に、リスボンを出発して（スイスのチューリッヒでブレックファーストを撮《と》り）お昼前にここにつきました。

明日ブラッセルに入ります。ここに残して置いた荷物を受取り整理して、本日荷物便で送り出しました。この二日間はほんとのドイツ人の普通の家の一部屋（書斎なんだが）に泊りました。家庭料理を食べさしてくれる。

第八十二信　十月六日　ブラッセルにて

昨夜フランクフルトから飛来。

本日午前中にバスで市内見物。

タキシーで在外事務所に行き、与謝野所長、蓮見事務官とともに午食。所長に何がよいかときかれ、土地の名物といったところ、生ガキにレモンをかけた仲々うまい皿に、鶏が名物だといって。

ととのった良い所です。ブラッセルは。

マネケンピース（小便小僧の像）を見なければブラッセルに来たことにならぬといはれます。小さな三尺ばかりのブロンズで、町角のくぼみにチョッと置いただけの噴水ですが、愛敬もの。祭の日にはいろいろときれいなおべべを着せてもらう由。或るメイドはその死に際してマネケンピースに一〇〇〇クロンを與えてくれといって残したとか。

第八十三信　十月七日　ブラッセルにて

今日は日曜、となりの教會をちょっとのぞき、蓮見家の上の二人のお嬢さんが三日ばかり前に日本から飛行機で着いたとこなので、五月十二と十三日一緒だった一男二女、計七人家族と私も加へてウォルタールー（一八一五年ナポレオンが英のウェリントンに敗れたところ）及び景色の美しいナミュールといふ、城のある河畔の古い中都会及びルーベンという欧州有数のカソリックの大学がある町など車を駆って案内して下さって、お重のお弁当おいしかった。

ベルギーの秋、公園などよし。

第八十四信　十月十二日　ロンドンにて

八日の午后、白耳義《ベルギー》のブラッセルから飛来。さすがロンドンは落ち着きはらった大都会。爆撃のあともまだあるが、見ぐるしいとも感じられぬ（ベルリンに比して）。

この国の大衆はケッコウ割安な生活をして楽しんでいる様だ。ブレックファースト、朝でもいちばんロンドンがごうせいだったことになる。ぜい沢にはトビ切り税がかかってゐるらしい。ネスコーヒーで比較して、本家のスイス二百九十円、ドイツ七百五十円なのに、ロンドンは百四十円。生活日用品は国が補給金を出してゐるらしい。したがって食料は普通のところも一流のレストラン、ホテルもあまり変はりない。普通のところ二百五十円とすれば一流のところでも量は同じなのでセイゼイ五割高。ママや子供たちへ生活日用品のお土産を買った。

明日オスローへ飛ぶ。――日程を極度にきりつめ――ダブリンは割愛した――十月十一日にパリー着。したがってニューヨークへは二十五、二十六日に着くつもりです。

ニューヨーク、ワシントン、一、二日位の滞在のつもり。

第八十五信　十月十三日夜　ロンドンにて

今日は大活躍の一日。ロンドンでの最後の日――八、九、十、十一、十二、十三とロンドンにいたが正味見物の時間は少ないので――議会の内部を上院、下院、ウエストミンスターホールの議会の昔と現在の展覧會、それからウエストミンスター・アベー（寺院・仲々立派、ピットの像のある立派な墓、グラッドストンの碑銘）。今日はキング七世の日とかで仲々賑やか。内部の裏の方へも行く。なかなかよい静かなところ。ウォーターバスでウエストミンスターからロンドン・ブリッヂ往復（二シル）、テムズ河からロンドン見物。

フェスティバルの飾りも見える。セントポール、タワーブリッジ面白し。地下鉄でヴィクトリアへ行き、ウエストミンスター・カセードラル（大聖堂・これはローマンカソリックで、イングリッシュチャーチではない）塔の上に登る。八十五メートルでロンドンで一番高い。ヴィクトリア・アルバート・ミューゼアム（さすが仲々立派でした）。朝日の島田氏、ケンジントンＢＥＡに来てくれた。三時半。

五時、ロンドン・ノースフォルト飛行場発。夕暮れの空きれい。

夜になってノールウエー、スタバンジャ飛行場、小憩。

第八十六信　十月十四日　オスローにて

十月十三日の夜の十時過ぎオスロー着。月夜——満月のようだ。ＣＣ１５ホテルという下宿にタキシーで。入口、寝室、居室、洗面と四部屋のデカイスペース、これで一泊十八クローネ（九百円ほど）。

ノールウエー人というのはデッカイことをやる人たちらしい。ヴァイキング・シップの昔から（近くはコンチキ筏《ラフト》）、ナンセン、アムンゼンの極地探検に至る大胆な人たちを生んだ国。そして又、グリーグ、イプセンを生んだ国です。今はヴィーゲルランドといふ人の大変な彫刻群で一つの公園を飾り、この市庁舎の如きも一九三一年から十余年をかけてニューヨーク市のそれの十倍位のものを作り上げた。

ノールウエーといふ国はちょっとそとから考へては見當のつかないことが多い。生活程度はおそろしく高い人たちだ。

これは有名なヴィーゲルランド公園、ブロンズと花崗岩でおそろしく夥《おびただ》しい裸像を並べてある。人生のあらゆる場面を表現しているらしい。

今日は日曜でどこも休み。トウリスト・オフィスも。独りで地圖をたよりにヴァイキング・シップ・ミューゼアム、ノールウエー・フォルクス・ミューゼアム、ヴィーゲルランドパーク、それから鉄道でホルメンコルンを過ぎてフログナーセテレンといふ海抜千四百フィートの山に登ってフィヨルドを遠望する。

夜は少し疲れてゐたが、明日出発するのでビョルソン、イブセンの像のあるナショナル・テヤターへ。クラシックものではなかった。

ノールウエーも大変勉強になった。二日は足りなかった。三百万ちょっとの人たちだがノールウエーといふ國は興味のあるところ。明日はアムンゼンの家を見に行きたい。

そして午后ストックホルムへ。

第八十七信　十月十六日　ストックホルムにて

十五日の夜当地着。ＳＡＳは前に頼んだのに一向ダメで、自分で中央駅のホテル・インフォーメーション・センターで安下宿を見付けてもらう。北欧随一の生活程度の高い國というから用心して。

本日午前中バスで市中見物。北のベニスといはれ、水の都。秋色うるはしさ、いはん方なし。上天気にめぐまれた。王宮の中庭へも行って見る。市庁舎が立派。

明日午后はコッペンハーゲンへ。

第八十八信　十月十八日　コッペンハーゲンにて

デンマークといえば日本人には農業の國とのみ考へられがちだが、漁業と工業、海運業も盛んです。

デーニッシュ・スペシャリティを注文したら、イワシのオルドーブルが二皿、サラダ、豚のサラダ、冷肉が三種類来たのには驚いた。そのあとでマシュルームを使ったペースト一皿、マシュルームパイ（グラタン）一皿と豚肉（ロースト）が来て、最後にチーズが三、四種類でたのにはモテあましてしまった。アックアビタ*といふものを飲んで。

シーズン・オフで遊覧バスはなくなったが、外人と四人とで乗合で三時間ほど引き廻してくれた。

デンマークは体操のほかに、アンデルセンが生まれた國とまでは知ってゐたが「小さいマルメイド」の話というのはピンと来なかった。

北欧での一週間はあわただしいがたのしい旅だった。明日午后アムステルダムに飛ぶ。

第八十九信　十月二十日　アムステルダムにて

アムステルダムはかえって北欧の国々より寒冷也。町は水郷。

カナルが縦横に通り、橋が四百とか。

ミューゼアムでレンブラントの名画を見て、午后モーターボート（七十人乗り）で水の上から市内見物（バスのはもう時期はずれで、ない）。造船業盛大。

* Aquavit　北欧諸国特産の小麦やジャガイモを原料とした蒸留酒

古いユニバーシティーがある。

デン・ヘーグは割愛。昨夜八時過ぎに当地に着いて、明朝九時パリーへ飛ぶので正味一日也。

第九十信　十月二十三日　パリーにて

アムステルダムに比べて暖かい。しかし旅行シーズンはとうに過ぎてシャンゼリゼの大通りも人影少し。二十一日アムステルダムから着くなりルーブル博物館に午后の一時《ひととき》を過ごす。昨日はこの凱旋門の上にあがって見る。お上りさんのまき直し。

どうも時間、滞在日数の関係からベルサイユは次のときでもと思ってゐます。

二十五日の午后パリーを立って、二十六日ニューヨーク着の予定。（以上二十三日記）

昨日火曜日は博物館は全部どこも休みなので、午后遊覧バスでベルサイユ見物、今日の午后はエッフェル塔（三百フランにはいささか驚き）にも登って、お上りさん修了。

ブラッセルで与謝野さんに御馳走になった生ガキ、フランスの名物だからと遂にサンラザール駅の近くに見付けて、立ち食ひはなかったので、レストランでちょっと舌鼓をうつ。ブドウ酒ともで三百五十九フラン也。明日はニューヨークへ。（以上十月二十四日記）

第九十一信　十月二十五日夜　シャノンにて

パリーからニューヨークへのTWA飛行機は最初予定したのは会社のスケジュール変更で今日の別便となり、カナダのガンダー飛行場ではなくて、アイルランドのシャンノン飛行場に途中立ち寄る。夜食をここの飛行場のレストランで攝る。アイルランドリネンたずねたが、製品のハンカチ位よりない。

飛行場の賣店では無税だから、酒類、タバコが安い。アメリカタバコ一・二五ドル。アメリカよりもイギリスよりも廉い。明朝四時ニューヨーク着也。

アイルランドのシャノン飛行場にて

第九十二信　十月二十七日　ニューヨークにて

ニューヨークはパリーよりも暖かです。

本日午后遊覧船でニューヨークの本市ともいふか、マンハッタン島を河から眺める。千人以上もお上りさんが乗っている。さすが世界有数の都市。この島が僅か二十四ドルかの物々交換で得られたとは驚き也。高層ビルのマンハッタン島の外、いくつかの島あり、景色よきところ、処々にあり。パリーのセイヌ河畔のと姉妹銅像、自由の女神、佛人の作也。

マンハッタンの島はビルで埋まって、上の方にホテルや、アパートがある。仲々景色よし。設備の良い部屋三ドル半。食事は大通りにオートマートといふセルフサービスのレストラン、朝食二十セント位から。空腹の時でも（ビフテキなんかをとらなければ）八十セント位で満腹。味もそう悪くない。アメリカ人は規格もので生活するのでゼイたくを廉く――個人趣味はその代わりないらしい。

一つ注文して個人趣味を満足さす時はウントとられるしくみ。物資はフンダンにある。最近ちょっと値上りしてゐる様だ。（朝鮮戦争のブームで）

第九十三信　十月二十九日　ワシントンにて

昨日当地着。商工業の盛んなニューヨークに比して、政治の中心だけの首都。小じんまりしてゐて、きれい。杉山ホテルに宿泊。杉山君の家族来週到着の由。

第九十四信　十月二十九日　マウント・ヴァーノンにて

ワシントン旧邸より

第九十五信　十一月二日　サンフランシスコにて

昨日ニューヨークから一気に飛来。十二時間で東海岸から西海岸へ。途中シカゴで小憩。オハイオでは白皚々の雪景色也。ソルトレイクも空中から眺む。

街としてはここのほうニューヨークよりも面白し。日本人も多い。金も残り少なになったから飛行機待ちで一週間延びたのは些《いささ》かつらい。歸心如矢。十七日ＰＡで東京着の予定。

第九十六信　十一月六日　ロス・アンジェルスにて

アメリカはどの都会もまあ大体似たりよったり。その内でここが一番イキが良さそうだ。アパート、住宅の新規なのも多い。新しい、これから益々大きくなる町――既に人口百九十万、いずれニューヨークに次ぐ大都會になると期待されてゐる。

飛行場から市内へ入る途中ホリウッドを過ぎる。八日、又桑港*に戻り、十二日ハワイへ飛ぶ。

第九十七信　十一月七日朝　ロス・アンジェルスにて

昨日は市庁舎の塔の上にのぼって安上がりのロス見物。ロスだけの人口すでに百九十万、グレートロスアンゼルスは四百万人。土地も廣い、四百五十平方マイルというから桑港の二、三倍かな。夕方から在外事務所の有田事務官（前・安本**）がドライブしてロスの夜景を案内してくれました。ゲーブルものの西部劇（カラー）を観て皈る。

第九十八信　十一月七日　ロングビーチにて

時間潰しに有名な海水浴場ロングビーチに、油田のヤグラの林立の地帯をとほって、電車、バスを何度も乗り換え（半分はマチガイによる）して到着。鎌倉と浅草と新宿、江ノ島とを一緒にした様なところ。

＊　桑港＝サンフランシスコ
＊＊　経済安定本部

今日でも裸で海に入っている人、数人あり。太平洋が目の前に拡がってゐる。

第九十九信　十一月十三日　ワイキキ海岸にて

昨日桑港から十時間で当地着。日本の八月末頃の気候ですが凌ぎよし。これで大分涼しくなったといってゐる。これから蚊が出る。今までは暑すぎて蚊も住まぬ。

仲々景色の良いところ。邦人が全人口の四割近く。経済的地位もそう悪くない様子。

小島署長は北京時代からの知人、昨日お昼二時間ほどドライブして案内して貰った。

自働車をいつでも使って市内見物に行けとの御好意。当地はかつて森島さんの任地。

当地、米本土よりハナハダ物價高し。

（注）文中の国名、地名、人名および仮名遣いは原則として原文のままとしました

スイスだより

日本山岳会会報「山」No.161(一九五二年六月)所載

マッターホーン單獨行

伊藤 愿

手さぐりでマッチを捜して蠟燭をつけ、腕時計をかざして見ると、丁度四時になつている。四時にお部屋のドアーをノックしておこします。明日はきつと上天氣、大丈夫登れます。といつて山案内人たちはホテル・ベルベンデールに泊つている三十人ばかりの登山客を、昨夜めいめいの部屋に送り込んだのに、山小舎はいやにシーンとして靜まりかえつている。ソット寝室を下りて窓へ近寄つて見ると意外!

雪が降つている。ルチェルンからやつて來たという同部屋の登山客も起き出して、窓を開けて積つた雪を手で掬《すく》つてさも驚いたといつた恰好をして見せた。變り易い山の天候の常とはいえ、昨夜は滿月近い月まで出ていたのだから私も驚いているのだ。今年(一九五一)のスイスの山はことに天気が悪かつた。小雨が降つているチェルマットの驛におりてから今日までの一週間、上天氣はこの前の日曜日だけだつた。皮肉なことにカソリック信者のチェルマットの山案内人は、教會へ行かねばならぬからといつて日曜日は山登りはできないという。尤も、ガッカリしていたら九時頃になつてナイロンのザイルを擔《かつ》いでやつて来て、登山鐵道に乗つてリッフェルホーンへ遊びに行こうと誘いに來た。岩登りして遊ぶ程度なら神様のお許しが出るらしい。

一インチ以上も新雪が降つている今日はたとえ神様が許して下さつても駄目らしい。また寝室にもぐり込んでしまつた。山小舎の騒々しさで眼が醒めて食堂におりて見るとお客さんの大部分は下山の仕度をしている。昨夜食卓を一緒にした組は、寒くて昨夜は睡眠がとれなかつたから、チェルマットへ一度おりて又天氣になりそうだつたら上つてくると挨拶して出て行つた。

お晝まえにはこのマッターホーン・ホテルはすつかりがらあきになつてしまつた。昨日は満員で泊れなかつた隣りのヘルンリー・ヒュッテも人けがなくなつてひつそりしている。山の天氣は天の邪鬼だ。この天氣では當分山は駄目と諦めてみんなが下山すると、陽が少し射して前のテラスに積つた雪が融けてきた。据えつけの望遠鏡をのぞいていると、どこからかヨードルが聞えてくる。お客さんがみんな村へおりてしまつたのでフロラインが部屋の掃除をしながら樂しそうに歌つている。掃除を濟ますと、一人部屋があいたから私に部屋を移れと勸めてくれる。一人部屋の窓は東を向いて、眼の下に大きくフルグ氷河が擴《ひろ》がつて、その向うに豪壯な屛風――左から、モンテ・ローザ、リスカム、ブライトホーン、小マッターホーンと連なつて右の端はマッターホーンのフルゲン稜におわる山なみが眺められるすばらしい部屋だ。ブライトホーンの肩あたりから昇る滿月をこの窓から眺めた夜は、あまりにこの景觀の美しさに寢るのが惜しく、いつまでも見入つて夜の更けるのを知らなかつた。

この部屋は窓が東を向いているので朝日が實《じつ》によく當《あた》る。そのお蔭でマッターホーンに獨りで登ることになつてしまつた。賴んでおいた若い岩登りの好きだという案内人はどうしたわけか私と一緒に登る機會をいく度も逃す破目になつて、私は既に十日も待つている。案内人を傭《やと》つてヘルンリー稜を登るなんてことは御免だといつてあるので後まわしにされているわけだ。十七日の朝も、登山客が一しきり出發してゆくのを見送つて又寢床へもぐり込んだが、部屋一杯に朝日が射し込んで來てはもう寢込んでおれなくなつて食堂におりた。コーヒーを賴んだがお湯もないとかで七時になつてやつと輕食を出して貰う。この上天氣に、山小舍で一日過すのは勿體《もったい》ないからソルベイ・ヒュッテあたりまで寫眞を撮るつもりでヘルンリー稜をぶらぶら登つた。

ところどころ右か左かと思案した程度で、十一時二十分ソルベイ・ヒュッテにつく。マーセル・クルツの案内書を讀んでおいたことが大いに役に立つた。天氣はよし、時間もまだ早い。二、三の登山パーテイも頂上を目指して出掛けて行く。もう少し上まで登つてみたくなつて少憩して出かける。所どころ手ごわい個所にぶつかる。あの場所は難場に違いないと思いながら近づくと太い固定綱が時には三本位も懸つている。一回不覺にもピッケルを落としてしまつた。これは、もう退却の潮時と覺悟する。しかし不思議なことに三十メートルばかり下でピッケルは雪の上に止まつた。ヴィブラムの登山靴が驚くほどよく利くお蔭で、グリンデルワルトで購《もと》めたベントを取り戻す。ピッケルがかえつたとなると、これは頂上まで頑張れということらしい。今日は登るつもりでなかつたので一つより持つて來なかつた手袋は凍りだしたが、勇を鼓して、ショルダーのところの雪の斜面を登りきる。傾斜が少し緩くなつたと感じたとたん眼の前の幅の狭い雪の稜線が中だるみになつて中か空に浮橋をかけたように延びている。私の立つているところがスイス側の頂上で、雪の浮橋の向うの端はイタリー側の頂上なのだ。二時二十五分。イタリアン・サミットのところに登山綱をつけた二人組が立つている。寫眞をお互に撮り合つて、あとで交換する約束をした。風もあまりないおだやかな日だつたが陽が漸く傾いたせいか、寒くて頂上に永く居られない。頂上を辭《じ》して三十分ばかりやゝクラストした斜面を一歩づゝ愼重に降りる。先に降りた二人組は長すぎるザイルを些《いささ》か持てあまし氣味にしている。寒さが段々増してきて手袋は凍りついてしまう。遂に話し合いができてこの二人組のザイルに加わつた。おかげで安全感は増したが、ソルベイ・ヒュッテについた時は八時を過ぎてしまつた。折からの滿月で、辛じて徑《みち》は辿れたものゝ此の調子ではこれから先どの位時間がかゝるか見當がつかない。ソルベイ泊りに決める。既に五、六人の先客がある。そして驚いたことには我々のあとからあとから増えて十四、五人もこの避難小舍に泊つたので大混雜。雪の狀態がよくなかつたのでどの組も時間を費してこの始末。月夜でよかつたものゝ、若し天候が急變でもしていようものならみんな事故を起していた組かもしれない。食糧にしたところが、私のリュックの中から出てきた二食分のランチとソーセージ、チューブ入りのミルクが皆の羨望のまとだつた。途中から仲間になつた二人とソルベイに殘つていたその僚友との四人でこれを分けて喰べて、辛じて小舍の皆んなに一枚宛わたつた毛布にくるまつてスシ詰めになつて寢る。

翌朝、窓から朝日がはじめて射し込んだのは四時四十分、五時になるとブライトホーンの肩のところから旭が黄金の矢を蒼ぞらに放ちはじめた。足を滿足に伸ばせぬほどの窮屈な一夜だつたが、標高四千メートルの山小舍で迎えた朝の景色はスイスの山の忘れ得ぬ思い出である。

「岳人」No．62（一九五三年）所載

アルプス一九五一年

ウェッターホーン・マッターホーン

伊藤　愿

一九五一年の夏、スイスに遊んだ時のことを思い出すままに述べてみたい。

イタリーやオーストリアに、いろいろと所用があり、その間に暇をみてスイスに行つたのであるが、チュリッヒに入つたのが丁度七月の三十日で、それから五十七日ほどスイスに滞在、山登りを楽しんだわけである。

最初に落着いたのがグリンデルワルトでそのときは松方三郎氏や島田巽氏といつしょであつた。しかし、両氏はそれぞれ仕事を持つておられたので、一週間ばかり、一緒にこの登山根拠地を漫歩しただけであつた。まもなく両氏はロンドンへ帰られたが、折角ここまで来てむなしく帰るのも残念と思い、ガイドを頼んで、ウェッターホーンへ登つてみたのである。

ウェッターホーンは、ほぼ富士山と同じくらいの海抜で、即ち三七〇〇メートルほどの高さの山である。まずここへ登つてみよう――というのは、学生時代、登山に熱中したとはいうものの、すでに二十年も山登りらしい山登りをしていないので、いきなり一流の山へとりつく自信がなかつたので、まずこの山で足馴らしをしてみようと思つたからである。

ここでスイスのガイドについて一言しておきたいが、この国のガイドというのは、一定の国家試験をうけて検定をとつている人々である。スイスの山、つまりアルプスへは、世界各国の人がやつて来る。しかもその登攀には常に相当の危険が伴うので、ガイドの養成というのは、なかなか責任の要ることなので、そこで非常に厳格な試験を課しているわけなのである。

それだけに、ガイドという職業は、この国では非常に社会的地位が高く、たとえば三十一年も前のことであるが、槇有恒氏がアイガーの東山稜を初登攀された時のガイドの中で、一番若かつたブラヴァンドという人、当時やつとガイドの試験が通つたばかりだつたが、その人は当時小学校の先生くらいの人だということだつた。

また、グリンデルワルトで、相当大きなホテルを経営している人があるが、その人はやはりガイドで、ホテルの主人であること以上に、ガイドであることに誇りをもつている。

それればかりではない、大臣の中にも、数少ない大臣の椅子を二つも持っている人の中にも、自分がかつてガイドをやっていたということを誇りにしている人がある。

それくらいスイスのガイドというのは社会的地位が高いのである。私は前記のホテルの主人をガイドに頼んで、ウェッターホーンを登ったのであるが。

グリンデルワルト・グレッチャーというのは、グリンデルワルトの谷の一番つまったところにある。最初の日は、その谷の中程にある山小屋に登つて行つた。この谷は氷河から出る水のために濁つていて、その最後の休憩小屋のあるところを、ミルヒバッハといつているが、これはドイツ語でミルクの川（急流）という意味で、川の水が濁つて、ミルクのようだというところから名づけられたものなのである。

この流れを暫く遡ると、氷河になる。標高にして一五〇〇メートルくらいの所である。谷を溯って中腹くらいの所にブレックスタインの小屋というのがあり、ここで一泊。ここはスイス山岳会が経営している小屋で、番人常住、なかなかよく整つた小屋であつた。

スイス山岳会では、アルプスのいたるところに小屋を設けており、山岳会の会員以外にも開放しているが、もちろん宿泊料は会員の方が安い。このブレックスタインの小屋は、小さい部屋がいくつもあり、特別室もあつて、そこには大体ホテルと同じくらい立派なベッドなども備えてあつた。この特別室の使用には六フラン（スイスフランで五百円くらい）余計に支払うことになつていた。

翌朝は四時ごろに起きて、食事をすませすぐ出発した。スイスの山は一つの山のスケールが、非常に大きいのと、氷のしまつているうちに氷河の上を通つてしまう方がよいので、朝の出発が早いのである。

戦後のアルプスでは、用具にも変化があつて、すでに日本にも輸入され、また製造も始まつているが、その一つはナイロンのザイルであり、他の一つはヴィブラム（ゴム底）の山靴である。この二つの用具が、戦後になつてわれわれの知つた一番大きな変化であつた。

このヴィブラムの山靴をはいて、カンテラをつけて、ガイドの後からついていつた。私のほかに二組くらい登山者があつた。

ウェッターホーンの頂上は雪に覆われてドームになつていた。この年は雪が非常に多い年で、雪庇《せっぴ》が出ており、その雪庇を切つて頂上に登つたわけである。途中ゴム底の靴にあまり馴じまないので、雪の上ではガイドにとかくおくれ勝ちであつた。雪渓をのぼつてから岩が出てきたが、雪や氷の上ではともかく、岩の上の登攀は、もう日本で山登りをした者にはついて行ける自信を感じた。

ただ困つたのは、私がやとつたガイドは私より一尺以上も背が高く、彼のホールドが私には高すぎて私の手が一ぺんにとどかなかつたことである。それ以外は日本で岩登りをしている者には、氷河の上よりも岩の方が良いという感じがした。ウェッターホーンの頂上へついたのは八時頃。非常に天気が好い日であつたから、アイガー、メンヒ、ユングフラウなどの山々を一望に見渡すことができた。八月の十日くらいであつたが、頂上は全部雪で覆われ非常に寒かつた。それで十五分くらいその頂上にいただけで、またみんなプレックスタインの方へ下つて行つた。

私としては二十年近くもブランクになつていた山登りをやつたわけであるが、スイスのガイドについてゆくくらいの体力はありそうだという確信がついたので、グリンデルワルトに帰つてから、もう一度ツェルマットの方に出掛けてみた。

ここはスイスの山登りの中心地で、有名なマッターホーン四五〇五メートルがある。私はかねてから、何とかしてこの山を登つてみたいと思つていたので、旅費をやりくり算段して計画をたてた。

ところで考えなければならないのは、アルプスの山の案内費である。たとえば、ウェッターホーンは、朝でかけて、目的の山を登つてその日に麓まで下りて来るのであるが、その案内費が八千五百円である。ところがマッターホーンの登攀は、頂上へ登つて翌日帰る二日行程の山であり、アルプスのうちでも危険があるという山の一つになつていて、従つて案内費のレベルも一番高いクラスになつている。即ち二五〇フラン（約二万円くらい）である。

ガイドもりゅうとしたなりをしていて、用具なども、例えばザイルなども決して使い古しのものは持つていない。高価なナイロンのものを用意している。

ここで面白いはツェルマットの風習でこの村の人々は、九割くらいがカトリック信者で、日曜日には教会に行くため、お客さんは案内しないのである。明日は天気になりそうだといつても、それが日曜なら教会に行かなければならないから山へはゆかないという。私はがっかりしたが、朝の食事をすませてホテルで少し新聞を読んでいると、そこへかねて予約していたガイドがやつて来て、余り天気が良いから山登りに行こうというのである。前の日に教会へ行くから山へゆかないといつていたのに誘いに来るのはおかしいと思つて聞くと、近くの山で岩登りをして遊んでいるのは、神様もお許しになるというのである。

私はよろこんでパンやサンドイッチなどを用意して出発した。そこから碓氷峠のケーブルのような登山電車に乗り、リッフェルホーンのステーションへ下りたのは十時半。一時頃から二人で登り始めた。ガイドはとにかくまかりまちがえれば命にかかわる山である。お客さんの腕はどのくらいのものか試そうという気があつたらしく、普通のルートを登らないで随分むつかしい所をよつて登らされた。これはいつでもやることで、ガイドだからといつて誰でも山へ案内するわけではない。一応はお客さんの力量をためすわけなのである。

下を見ると一〇〇〇メートルも下に氷河が横たわつている。しかし、トップをガイドがやつてくれているので気は楽である。リッフェルホーンの岩登りをすますと、謂わば試験がすんだようなもので、あとはマッターホーンへ登るによいような天気になるのをまつわけである。

それから二日ほどしてマッターホーンの三二〇〇メートルくらいの所にあるヘルンリという小屋から私の頼んだガイドが電話してきて、明日は天気がよさそうだから、ここまで登つてきてくれといつて来た。これは普通の登山道である。指導標が完備しているから、一応の登山経験がある者であればその小屋までは一人でも行ける。それで私はホテルからそのヒュッテまで出掛けていつた。

小屋は満員で翌日マッターホーンへ登ろうという人達が三十人程泊つていた。ガイドたちは登山者に注意したり、道具を調べたりしていた。明日は完全に好い天気だろうから四時頃に小屋を出発するという話であつたので、早く眠ろうとベッドに入つてうとうとしていると、夜中にどうも様子がおかしい。窓から見るとあれほど晴れていた空が曇つている。燈をつけてよくみると雪が降つていた。しかも一寸足らずも窓枠へ積つている。八月十五日のことであるがこうも一晩のうちに天気が変るというのは特に天候の悪い年であつたからであろう。

こう雪が積つてはいくらガイドをやとつてもマッターホーンは尾根通しの登山ではないので登行ができず、小屋は四時になつても五時になつてもヒッソリカンとしたままである。すつかり夜が明けてしまつても天気がよくないのでみんなあきらめて麓へ下りてしまつた。私は何とかして登りたいと思つたので、小屋に残つた。

十時頃になると附近の雪は消えてしまつて、天気がどうもよくなりそうに思われた。そのうち日がさして来た。私は小躍りしながら小屋に待つていた。山小屋にはもう登山客は全然いない。昼下がりになつてから私は一人で雪をかぶつた四〇〇〇メートル級の山を眺めていた。それはちょうど日本のアルプスの五月頃の気分で、実に静かな山を楽しむことができた。

次の日、十七日も山を登れるような完全な天気には回復していなかつたが、私は写真をとろうと思つて、東北稜という一番平易なルートを一人で登つて行つた。手袋も一枚だけ持つて小さいルックザックを背負つて行つた。ところが、一週間ほど麓で滞在しているうちに、案内書を買つて登攀ルートを勉強しておいたので、大体、次にはもうすこし右の方をまくとか、その次には落石の多いルンゼがあるとかいうようなことは、見当がついていたので、どんどん登つて行つたのである。

途中に一つ、ソルベイヒュッテという避難小屋がある。これは四〇〇〇メートルの高度にあり、非常に小さい小屋で、登攀中天候が急に変つてどうしても先へも進めない、後へも下りられない、というような時に避難するために建てられた小屋である。そこへ着いたのが十一時半くらい、まだ日は高いし、天気は非常におさまつている。それでも頂上まで行くつもりは依然としてなかつた。ただもう少し上にゆけば、もつとよい写真がとれるだろうくらいに思つて、上へ上へと登つて行つたのである。単独行なのでザイルは持つていなかつたが、ピッケルは良いのを持つていた。

下から見ると、ちょつと一人では無理かと思うような岩場があるので、あそこまで行つたらひきかえそうと思つて、ともかく登つて行くと、何とそこには太いザイルがとりつけてある。そこでそこを登りきつて上へ出る。暫く登ると、また悪い所へ来る。あそこでひきかえそうと思つて登つて行くとまたザイルがさがつている。そこでそんなことを何回かくりかえしているうちに頂上が真近になつて来たので、とうとう意を決して頂上まで登つてしまつたのである。斜面には相当新雪があり、腰の半ばくらいまでもぐるような所も多かつたが、何にしても悪場にフィクスされているザイルのおかげでとにかく頂上へ出てしまつたのである。

予定のルートではなかつたが、とにかく頂上へ立つたのが二時二十五分。

頂上で休んでいると風は強くないが、寒さがひどく、手袋は一枚しかもつてないので早く下りようと思つた。スイス側の頂上から二十メートルか三十メートルなかだるみになつたところに、イタリイ側の頂上があつて雪庇が出ていたが、私はそれを伝つてイタリー側へ降りてみたいと思つた。しかし相当遅くなつていたのですぐ降りにかかつた。

ちょうどその時、ニュージーランドの二人連れに会い、一緒に降りにかかつた。三、四十分、後になり先になりして下つていつたが、その人達がザイルをつかつている間はその間を越してゆくわけにいかないし、しかもその人達のザイルが余りに長すぎるので、そのザイルパーティーに私が加わることになつた。このパーティーに加わつたために非常に時間をくつて、避難小屋に来た時にはもう八時になつていた。

月明かりがあるので、なんとか辿つて帰れると思つたが、万一をおもんばかつてそのソルベイヒュッテに泊ることにした。私達のパーティーは頂上へ行つてソルベイに帰つて来た一番初めの組らしく、後から後からソルベイへ泊るという人がふえて、しまいには十四、五人がすしずめのようになつて一晩過さなければならなくなつた。その翌日ようやくソルベイヒュッテからマッターホーンヒュッテへ下つたわけである。

単独でマッターホーンに登ろうとは考えていなかつたのであるが、一週間以上山登りするために滞在しており、しかも一番よい天気を逃しそうになつたので、こんな登り方をしてしまつたわけである。ガイドはしかし、契約してあつたことであるから案内賃は支払つた。とはいうものの、ガイドと一緒にゆくよりも、こういう登り方がやはり「自分の山」をたのしめたわけである。

スイスの山の感じは日本の山よりスケールが一廻り大きい。大体日本の山よりももう一〇〇〇メートル余計にあるといえる。しかし日本の山に年期を入れている者には大した負担ではないであろう。結局、スイスの山を登るという多年の私の望みは果たされたわけである。それから後も、滞在しているうちに山際まで一人で登つて一晩過ごし、またグリンデルワルトへ帰つてくるというような生活をした。その間に経験をした、学生の山登りというのをついでに紹介しよう。

ドイツの学生はまだ戦後の不自由のために山登りも十分に出来ないが、彼等は夏休みになると、スイスに出掛けてゆく。何組か逢つた山の学生達に聞いてみると、自転車でスイスへ来ている。ドイツの一番南のミュンヘンから四日乃至五日かかつて三人か四人一組になつて自転車でやつてくる。

国境を越えるというのはあちらではそうむつかしい規則はなく、たとえば山梨県から長野県に行くようなもので、日本で考えているほど面倒なものではない。いい道を四日か五日つつぱしつてくる。遅くなれば村の農家へとめてもらうか、大ていは自転車をあずけると、そのまま山へ登つてゆく。山小屋へゆけば大体四フランくらいの宿泊料で済むから、自転車を村へあずけて少し頑張る連中は夜を徹して登るくらいである。

氷河の上を夜通るのは危険であるが、よく見ると五、六貫は充分ありそうな荷物を背負つて、氷河を登つているのである。食物は黒パンを出してナイフでけずつて食べている。お菜もとらず、飯盒の水だけ飲んでやつていた。戦前、むつかしい、たとえばアイガーの北壁などを登るのはドイツやオーストリアの山岳会に属している人達であつたが、戦後のドイツの学生ももう昔のような凄味のある山登りを始めているのである。しかし、それだけに、スイスの山で遭難事故をおこす八割以上は、そういうガイドを連れずにやつて来て、一寸山登りをする学生達であつた。

その遭難ということは別として、とにかくひしがれた窮亡のドイツですら、自転車に乗つてたいした食糧も持たずに山へやつて来ている。一晩山小屋で一緒になつたとき驚いたのだが、コーヒーすらもつていない。ドイツは復興のためにコーヒーは非常に税がかかつている。多分一〇〇パーセントの税がかかつていると思う。日本の学生なら山へは少しくらい平常の生活を節約してもよいものを持つて行くが、ドイツの学生のルックザックにはコーヒーすら入つていないというつつましさである。

次にイギリス人である。戦前、イギリスの人達は夏休みをかねてやつて来て、一カ月も二カ月もスイスに滞在していた。ところが、今のイギリス経済はあまりよくない。そのため外に出る時は持出しの金を制限されて、一人五〇ポンドしか携帯が許されていない。汽車賃と一週間の宿費がせいぜいの金額では、ガイドをつれて悠々と山を登つているようなことは許されない。

スイスのガイドにとつて一番よいお客であつたイギリス人は、今日では山から切離されている。殆どはほんの一週間くらいの間に一寸山を登るくらいである。先輩から聞かされて、アルプスの昔のよい時代のことを知つている私は、アルプスへ来る人にも今と昔とは大変な違いがあることを知らされたのであつた。

ウェッターホーン

「岳人」No．49（一九五二年）所載

バウアーとの會見記

伊藤　愿

ドイツ滞在中に寸暇を得て『ヒマラヤに挑戦して』の著者パウル・バウアー氏をミュンヘンの住居に訪れた。頭に霜をいただいても、心は遠くヒマラヤの空をかける、若々しい氣魄には胸うたれるものがあつた。

ミュンヘンについたら丁度オペラ祭がはじまつている。シーズン・オフだつたのでミラノのスカラ座を逃した残念さが手伝つて、柄にもなくオペラを観に土曜日曜をつぶしてしまつた。宿からこのオペラのあるプリンツ・レゲンテェン劇場に行くのはイザールの河に架つている橋を渡つてゆく。河は清冽で流れが速い。この橋の名はマクシミリアン・ブルュッケ、欄干の上に芸術の女神アテネの石像が立つている。河の東岸にはマクシミリアニュームとよばれる州議事堂の美しい建物が金色にかがやいた壁画《フレスコ》を屋根高くかかげている。音楽、芸術の都ミュンヘンはヨーロッパで最も美しい街といわれたが、まだ中心地にも爆撃で壊された跡が生々しく残つて復旧も未だなかなかのことらしい。しかし、イザール河畔の森《アウ》だけは戦災地の公園とは思えないほど美しく、また閑静だ。ミュンヘンの人達はよい憩いの場を持つている。パウル・バウアーがその著『カンプ・ウム・デン・ヒマラヤ』（ヒマラヤに挑戦して）に、イザールの流れを前にして第一次欧州戦争のあとヒマラヤ行きをその山仲間と計画したときのことを書いていた。丁度二十一年前、私は京都からドクター・バウアーに手紙を書いて返事を貰つたことがある。そうだ、ドクター・バウアーがミュンヘンにいることをすつかり忘れていた。

ドイツの夏はなかなか雨が多い。しかも昨夜からの雨は、月曜の朝になつて本降りだ。折角計画していたバスでガルミッシュやミッテルワルドにゆくのを中止して、雨でも乗つたまま見物させてくれる市中見物バスで午前を過ごして、宿に帰つてからドクター・バウアーに電話して会見を申し込んだ。明七月二十四日の十二時にオフィスに来てくれとのこと。

ドクター・バウアーの公証人事務所は、ミュンヘンの街の中心、新市庁舎《ノイエ・ラートハウス》のすぐ隣の建物の三階にある。新市役所といつても一八八〇年頃建つた、まるでデコレーションケーキのような美しいゴチック様式の高い塔のある建物で、その鐘楼と時計じかけの人形芝居で有名だ。七十五米という高い塔に登れば、南東の方に延々とのびたアルプスの山並が見える。イザールの谷がその山懐に蜿々《えんえん》と入り込んでいる。この山並のなかにツウグスピッエ*が聳えている。ガルミッシュあたりまで出掛けて、このドイツの最高峰を望見しようとしたのに雨でおじゃんになつた。人口約百万のババリヤの都ミュンヘンの街の中心にオフィスを構えたドクター・バウアーは公証人としてもなかなか良いとこらしい。五部屋位を使つて、四、五人も助手や補佐の人がいる。ドクター・バウアーの部屋の入口には三尺×四尺位のカンチェンジュンガの写真の大きな引伸しが掛つて、もう一枚小さい油絵が掛けてある——どうもカプルーとカンチェンジュンガにしてはカンチが少し違うようで腑に落ちかねて後で尋ねたら、これはコウカサスの山だつた。大きな引伸し写真に見入つていたら頭髪のほとんど白くなつた眼鏡の老紳士が私のさきほど受付に出した名刺を手にしてヘル・イト！　といぶかし気な顔でドアを開けて出てきた。

* Zugspitze　ツウグスピッツェのこと。ドイツ最高峰の山。二九六四メートル

握手しながら、ヘル・ドクトール、あなたは二十一年前に私が差し上げた手紙の記憶がおありですか？　と尋ねると、私の顔をまじまじと見つめて、ああ、あの手紙をくれたのがあなたでしたか！　と、にこやかな笑顔を見せて、大きい落着いた趣味の良い部屋のまん中にある椅子に招じてくれた。二十一年前に出した訳本のことについて話していると、公証人事務所の人が書類を抱えて入つてきた。ドクター・バウアーは一寸困惑したような顔で、書類に署名をするために暫く待つてくれないか、この署名をすることが公証人の仕事なんでね、と一冊の本を私に渡して置いて、窓ぎわの大きな事務机に向かつた。この本はバウアーの著書をハッレーが英訳したものであつた。サー・フランシス・ヤングハズバンドが、この本は独逸人がヒマラヤの山で頂上への登攀は成功しなかつたが、その代わり独逸人がヒマラヤ山登りで示したすばらしい業績と独逸魂を語つてくれる、という序文をつけた。美しい写真版のものであつた。そうだ、翻訳権の交渉が成立したらこの写真のオリジナルのプリントは提供して貰うことを頼まねばならぬと考えていたら、何通かの書類にサインしていたバウアーはこれから外に出て一寸したトリンケンを一緒にしたいがどうだ、と。

まだ外は雨が上がりきつていない。下に一度おりてから、バウアーはまた雨具をとりに上つた。どういところが好きかと聞かれたから、純ミュンヘン風なところをと注文する。初めに行つた一軒は満員だつた。これは混みすぎる、少し小さくてあまり綺麗でないがと断りながら、小じんまりしたレストランへ連れて行かれた。葡萄酒か麦酒かと聞かれるので、ミュンヘナーをと答えるとニヤット笑つて二杯いいつけてくれる。昭和六年に出した訳本について当時版権を持つていた出版社との経緯をかいつまんで話し、なおその後の著書も非売品として日本訳が出ていること、日本山岳会から出ている山日記に、その両訳書の再版が要望されていることを説明して、現在もこの版権は依然出版社にあるのだろうかと尋ねると、いや、今は私が持つているとのこと。そこで私は条件を出して、こういう条件であなたの両著書の翻訳権をくれますかと頼むと、よろしいとのこと。英訳本のようなきれいな写真版を載せるのに、オリジナル・プリントをほしいという希望も了承してもらえた。

日本の登山界のことをきかれたので、丁度、あなたが第一次戦争後イザールの河畔でヒマラヤ行きの計画をなさつたように、日本も敗戦後五年も経つたので山登りのグループにヒマラヤ熱が大きく起こつて来たのだが、他人様の恋人を横取りするのと同様よその国の登山家が手をつけた山を無断で狙うのは登山家のモラールに反するという批難が起こるんですと話すと、バウアーはヤパーニシ・ブシド（日本の武士道のこと）とうなづく。ババリヤ隊はカンチェンジュンガとナンガ・パルバットの両方に手をつけているが、どっちかを譲つて貰えないかと切り出した。カンチェンジュンガの方が日本からは距離的にも近いし、費用も小額で済むんだがといぅと、この次にドイツから行くのはカンチェンジュンガになるだろうと答えた。それでは私が日本に帰つて、山のグループからヒマラヤのどれがよかろうと意見を求められたらナンガ・パルバットを挙げてもよいでしょうかと念を押すと、バウアーは食卓から顔をあげて私を凝視しながら、印度が二つに分かれた今日、パキスタンにわれわれ欧州人が接触することはなかなか困難があると思う、と。私の頭にはダイヤミライ氷河の上のマンメリー・ルートがふと浮かんだ。またババリヤ隊が遭難した時、急きょ飛行機でナンガ・パルバットに救援に赴いたバウアーの姿をも想像して……。私の眼の前の氏は既に齢六十を過ぎた老紳士でその頭髪はもうすつかり灰色になつているが、話しているとまだ若々しい。氏の眼が急にいきいきとして輝いたようになつて、九月にドイツ山岳会のヒマラヤ遠征委員会を開くがあなたを招待しようかといい出した。有難いが、九月までとても滞在出来ない、明日はウィーンに行きそのあとでスイスにはいつて一寸山登りがしたい。折角の招待を残念だがと辞退した。

食事が済んでから私がドイツ山岳会中央図書館に行くというと、バウアーも丁度同じ方向に所用があるからと、タキシーでルードヴィッヒスプリッケまで乗せてくれたが車中で、『カンプ・ウム・デン・ヒマラヤ』でその総経費が二万マーク余りということを知つて、これで当時われわれにもヒマラヤ行きの実現性があることの確信を得たといつたら、バウアーは大声を挙げて膝をうつて喜んだ。

山岳会の中央図書館はイザールの流れが二つに分かれたところの川中島にある。爆撃でやられて蔵書は全部滅失してしまつたそうで、目下修理中のこの図書館にはまだあまり集まつていない。八千冊ほど集まつたが良いものは未だ無いといつて若い書記が一人いて内部を見せてくれた。出来れば交換をしたいといつて月刊の雑誌を数冊くれる。

翌朝、宿の前で待つている私をタキシーでやつてきたバウアーが拾つてくれる。山登りのフイルムではないが、日本の美術を撮つた十六ミリを持参していると話したところ、見たいというのでそのフイルムを持つてドイツ国立教材映画幻燈研究所の映写室に行こうというわけである。研究所の人達も見たいといつて加わる。その中の二、三の人はバウアーの後輩、その一人はシーメンス商会に勤務しているというアルブレヒト・ドェンムリングといういかにもガッシリとした体格のクライマーで、バウアーのよき後継者である。

ミュンヘンの滞在はツウグスピッエには登ることができなかつたが、バウアーとの会見など、私の予想しないほどの愉快なものであつた。

パウル・バウアー氏と
1951年7月24日ミュンヘンにて

若き日の足跡

甲南高等学校山岳部報告・創刊号（一九二七年）所載

山旅（單獨行）

伊藤　愿

《解説に代えて》

この単独行は、はからずも伊藤愿の名前を天下に知らせることになる。大阪放送局は、わずか高校二年生の若者に「厳粛なる山の姿と犠牲者」と題した放送をやらせたのだ。

（斎藤一男著『山の文化とともに』二〇〇四年　アテネ書房より）

このシーズンの伊藤の穂高を中心とした行動はまことに注目すべきものがあった。徳本峠を越えて上高地、中尾峠から蒲田に出て、クリヤ谷から錫杖岳を偵察、槍平から槍の肩の小屋に登り、南岳から南沢をまた室堂に下り、滝谷を登攀、白出沢を下って三たび槍平室堂に泊って、また槍の肩の小屋に登り、西南壁の新ルートで小槍を単独登攀、槍沢を下って涸沢岩小屋に居たり、奥穂、前穂を経て上高地にもどる二週間以上の充実したクライムを堪能した。

（山崎安治著『登山史の周辺』一九八四年　茗溪堂より）

徳本越え上高地へ

信州松本から島々へ向ふ電車の中にひとりぼつちの自分を見い出した。汽車旅で寝足らぬ眼に、早や、アルプスの前衛である常念山脈が映つてくる。登山客はない。未だ時期が少し早いからだらう。島々からは川に沿つて朝露に濡れたトロツコの枕木の上を歩いて行く。谷が段々深くなる、兩側の峰が迫つてくる。

正午前に岩魚止の茶屋に着く。汗を拭つて飯よりも先ず力餅にありついた。飯は冷飯だつたがうまかつた。岩魚がないのが殘念だつた。

これから徳本の上りだ。荷物がこたへ出した。徳本峠の頂上の茶屋に着いたのが一時半、八高や慶應の人達と會ふ。

今日は素晴しい上天氣、穂高に雲一つかゝつてゐない。正面に明神岳がその細い一つ一つの坡《つつみ》迄見せてゐる。徳本越えには惜しい様な日だ。随分長く休んで人達と一緒に下る。

荷物が重い時には下りが苦しい、脚にこたへる。

何と云つても上りに比して下りは早い、林番の小屋を過ぎ丸太橋を越えて、力餅の吉城屋も素通りする。いよいよ小梨平に入つた。河童橋を渡る。梓川は水量が多い、川には流木が夥《おびただ》し、雪に伐された木の殘骸がいたいたしい。

六時半清水屋に着く。お客は少ない。登山期には鮓詰めにされたり時によると斷はられたりするのに一人一室でゆつくりしてゐる。湯槽に下りたが誰も入つてゐない。食膳には岩魚のフライが三尾もついてゐる。お給仕付だ。山でこんな待遇を受けるのは稀有の事。私の様な書生ツポがこんな待遇に合ふのも未だひまだからだ。疲れが出たから早く寝入つた。川音を枕に聞きつゝ……。

蒲田溫泉へ

眼が醒めたが五時になつてゐない。暫くすると朝日が照つてゐるのに朝立の雨が降る。輝いてゐる池面にしのびやかにザワザワと、それこそ如露《じょうろ》の掛水の様な朝立だ。陽に映えて美しい、心配する間もなくやんだ。一湯浸つてから朝餉《あさげ》。

辨當をもらつて清水屋を出る。又荷が重くなつて七貫を大分越えて了つた。愈々《いよいよ》峠道に入る。白樺の林の中にくつきりと一路が開かれてゐる。氣持ちの良い道だ。それを過ぎると笹だ、脊丈もある位においい茂つた熊笹が道をふさいでゐる。大正池のわきを過ぎると上りになる。この峠は途中これより先は水がないので水筒につめる。

中腹から見る上高地谷の美しさ。田代池が碧々《こんこん》とした水を湛へて、白樺に圍まれてゐる。十二時半峠の頂上――と云つても焼岳と硫黄との間に着いた。

晝食をしたが水筒の水が残り少なくなつたので困つた。途中飲むまい飲むまいとしたのだが。焼硫黄に登つて硫氣孔をのぞく。随分臭い。

日が暮れれば中尾泊りと、ゆつくりしすぎた。降りは早いが然し脚にこたへる。喉がかはく、水は一滴もない。谷をさがすが無い。洞の様な所を一つ一つさがし乍ら下りる。洞穴には水のかはり光ごけが黄金に美しい光を出してゐる。めずらしいものだ。たへられなくなつて草の露をなめて見たが、たよりない事おびただしい。遂に谷間の岩のゴロゴロした所で水たまりを見つけて蘇生の思ひをした。

この峠は案外に長い、麓ま近くなつて溪流に出合ふ。一回徒渉をする。六時過ぎより雨模様、空は暗くなる、遂に降り出した。然し中尾に近くの細道の兩わきで、草原の中に多くの野百合の清楚なる花を捧げ、馥郁《ふくいく》たる香りの未だ疎《まば》らなる雨氣と合してその心地の良かつた事は得も云はれなかつた。

沛然《はいぜん》たる夕立の中を足を速めて中尾へ急ぐ。中尾で一夜の宿を懇望したが養蠶期とて氣毒相に斷りを云ふ。村はずれの地蔵堂に暫し雨泊りをする。もう七時だ。雨勢益々熾《さかん》となる。覆盆の如き雨の中をやむなく蒲田へ向ふ。吊橋を渡つて對岸へ移る。ラテルネ*の淡い光に僅かに足元のあたりのみをてらしつゝ、先日の出水で抜けてゐる危なげな所を過ぎる。八時今田旅館に着く全身濡れ鼠。濡れもの等の始末を頼んで早速裸のまゝで膳に向ふ。大きな鉢に一杯ウドンを湯がいて盛つてある膳の上にはコップと醤油と、丼鉢には大根おろし、それが今夜の食事になるのだ。珍しいのとうまいのでたら腹たべた。

拓大、醫專の人達と一緒。お客は只これきりだ。山の溫泉宿は淋しいそれでもその一行六名と私と合せて七名。愉快な山話をして仲々盡きない。

旅館の主の弟由勝がやつて來る。とうとう十二時過ぎ迄話し込む。

錫杖（しやくじよう）へ

六時前に目が醒める。蒲田川が轟々たる音を立てゝゐる昨夜の夕立のせいか今日はからりとした上天氣。主《あるじ》をわずらはして川原の湯へ入りに行く。實際は宿の直ぐ前の川原に降りれ

＊ ランタン

ばそこ迄樋で引いてあつたのだが、出水で樋が壊れたとの事で川上の湯元迄行く。湯の出る河原迄は五、六丁ある。草深い所を下りねばならぬ。主は鎌で草を刈つてくれた。初めて鎌を探すに隙取《ひまど》つたわけが解つた。

湯槽はとても原始的なもので氣に入つた。湯の湧き出る所は熱い。その次に石を只つんでしきりがしてある。それが湯槽だ。それは丁度入りごろだ。その次のは自分にはぬるすぎる。之が所謂蒲田溫泉だ。二町程離れた所には蒲田川の濁流が渦を巻き、しぶきを飛ばして流れてゐる。

この湯の出るあたりは過ぐる大正四年の焼岳の噴出の時迄は今田の屋敷だつた由、彼はあたりを見廻しつゝ當時を回想しつゝぽつりぽつりと語り出す。その態度如何にも柔順なあきらめきつた様子である。その當座は文字通り着たもの一枚で、身一つのままで逃げ出したそうだ。直ぐその日の食事にさへ事かいたと。現今の所に住む事になつてからも彼等が如何に努力に努力を重ねたが、多くの人達は他の土地へと移つた。彼等はよくしのんだ。蒲田と云ふ村は今は只四軒の戸數だ。飛彈の人達は良く働くが、彼等であつてこそこゝ迄辛抱したのだ。

彼は私獨りを湯槽に殘して歸つて行く。心地良い陶醉でうとうととねむくなつた。手ごろな岩にタオルを置いて頭をのせて湯に浸り乍らねそべつた。谷底から仰ぎ見る蒼空は狹い一條の帯だ。白雲がひつきりなしに去來する。雲の晴間に、兩側の山の迫つて丁度ひつついた所に槍が見える。こんないでゆが又とあらうか、この湯槽は今では私に取つて忘れ難いものとなつた。若し許されるならば此の湯と後に書く槍平の室堂だけは欠かさず毎年訪れ度い。此の湯あるが爲には蒲田の人達がどれ程の貴い犠牲を拂つてゐる事やら。

こゝを通る旅人はもとより蒲田の人達すら焼岳の事をともすれば忘れて終ふ。常に焼岳は噴いてゐるのだがそのおそろしさは前の山にかくされて見えないから人々はともすれば忘れ勝ちになるのだ。灰を降らし溶岩を押し出しその威力を以つて完全にこの村――今ではたつた四、五軒の寂しい村の死活の鍵を握つてゐる。この従順な人達の寂しい村が深い夜の眠りに憩ふて居る時も、村人が晝間猫額大の土地で營みにいそしんでゐる時も、焼岳の煙はこの前の山蔭からそつとこの村をのぞいてゐる。焼岳こそこの村の運命を一番良く知つてゐるのだ。自然の偉力をまざまざと見せつけられた樣な氣がした。その代償がこの湯ではないか、貴い湯だ。寂しい村よ！　忘れ難い、いでゆよ！　例へ上高地は俗化してもおまへだけは原始な姿を失はないで呉れ。

あまりつかり過ぎて少し上《のぼ》せた樣なので川の流れに手を入れた。その冷さ！　無理もない。

萬年雪の下をくゞつて來る水だもの、軀が冷えたので又入りなほして、岩にかけて置いた湯衣を着て路を引きかへす。

漸く朝日が前の山越しに光を投げてゐる。昨夜の濡れものを干してある。今朝は飯、岩魚の干したのを煮て出してくれた何時どうして食べてもうまい魚だ。

濡物を干すのに隙取つて出發は九時を過ぎて了つた。宿の人に別を告げて錫杖へ向ふ、道は良い、三時間程でクリヤ谷の流れに出合ふ。谷の兩側は岩壁だ、流は瀧をなしてゐる。汗にしつとり濡れたシャツを脱いで日向に干す、今迄木蔭ばかりの道だつたのに、上りと、荷物とでシャツがしぼる程だ。一時前だから辨當をあける。錫杖の頂が見える。良い天氣だ。然し由勝が今朝、荷物を整理してゐる時に來て、今朝は蝿が多いから三時頃迄には岩小屋につく様につて忠告してくれた。朝、蝿が多いと必ず夕立があるそうだ。

腹も出來、シャツも乾いたので氣持の良いトカゲ――日向の岩の上にトカゲの様に裸でねそべる事――をやめて歩き出した。小屋掛けの跡らしいものゝある先は路が不確だ。様子がどうも地圖と合はない。色々と探すが見付からぬ。

とうとう夕立がやつて來た、よけいにわからなくなる。色々と歩いた末、一寸した岩穴があるのでそこへ一先づ落ち付く。四時だ、こゝで一夜を明すより仕方がない。どうせ岩小屋へ行つても此處と同じ調子だからとずるを決める。雨で飯は焚けぬ。晝飯の殘りと黒パンで夕食をする。キューブでスープをこしらへたがうまくない。岩をつたつて雨だれが落ちる、あたりは霧が罩《こ》めて了つた。火が戀しいので未だそう暗いと云ふ程ではないがラテルネに火を燈ずる。持つてゐるだけの防寒具をせまい岩穴の中で苦心をして着込む。シュラーフザックの内にもぐり込む、まるで芋虫だ。幸な事にはこの下は砂があつて石塊を取り除いたから良い寝床だ。焚火が出來ぬのがもの足りぬだけだ。

　未だ早くて寝むれぬまゝに頬杖をついてマドロスを咬へて燈を見凝めてゐる。霧のしのび寄る氣配すら感ぜられる様な靜けさだ。この寂しさこそ求めに求めたそのものではないか、畢竟《ひっきょう》するに私のこの一人旅の目的もこゝに在るのだ。言葉と云ふものから隔離された無言の境地。おそらく人間の觸感を一度も知らない岩穴だらう。開けつ放しのたゝずまいは嵐の時には到底辛抱する事は出來ぬだらう。

　寒さの爲か目が醒めた。シュラーフザックの釦をはずして手さぐりでラテルネを探して、火を入れる。十二時半だ。夜氣でヒイヤリする。これから朝迄とても起きてゐられぬから寝やうと思つて目をつむるが駄目だ、寒さがこたへる。アルコールでココアを沸す。一人で飲むには惜しい様な味。こんな夜には心の友と語りあかし度い。又寂しさを静かに味はい度い。この二つの氣持は決して矛盾しないものだ。岩をかむ水音のみが響いてくる。

岩小屋の一日

シュラーフザックから首を出すと依然として霧がはれない。五時過ぎだ。今朝は飯を炊き度いと思つて米を研ぐ。お菜にハタと困つた。昨日今田でもらつた梅干がない。確かに昨夜寝る時置いたのだが、まだ大分殘つてゐたのに、チエツ、土鼠に失敬されたんだ。彼等が如何に飢えて痩せ細つてゐるかを考へて可愛想になつた。然し鼠が梅干を取る。皮肉な氣持になつて腹も立たない。仕方がないあたりに生えてゐる山蕗を料理しよう。

薪を集めてゐたら又雨だ、折角集めた薪を濡らしては大變だから狭い穴の中へ取り入れた。小やみになつた時に對岸に、てごろな場所を見つけて火をこしらへて、飯と蕗をたく。蕗の味付はキューブと鹽《しお》だ。味噌も醤油もないのだ。それを持つには荷物が許さなかつた。然し何は置いても味噌を缺かせないと云ふ事を知つた。飯はうまく出來た。汁はとうとう飲めなかつた。

然し香り高い山蕗はもうけものであつた。殘りを大事にしまつて置く。

雨で餘儀なくゆつくりして九時半になつた。丁度その時一昨夜蒲田で一緒に泊つた人達が下りて來た。笠ケ岳の手前迄行つてキャムプしたが、雨がひどくて天幕が漏つた爲に睡眠不足で、今朝は飯を未だ食はないとの事で、私のあまりでもよろしければとすゝめたが今田に歸るからとて遠慮をされる。多分私の貧弱な食料を減らさまいとする心づかひからの遠慮であらうどう云つても辭退される。

丁度自分も少し行きすぎだから下らうと考へてゐたので途中迄一緒に行く。別れて又別の谷を上る。十二時頃岩小屋らしいものを見つけたがやはり人の一度も泊つた事はないらしい。雨模様になつたから荷物をそこへ置いて小さいリユツクとザイルを持つて色々とさがして見た。どれも登れそうにない。三時過ぎにはとうとう本降りとなつたので荷物を置いてある岩小屋に引きかへす。今夜はこゝへ泊るとする。無理をすれば三人位寢られそうだ。然し底は岩がガラガラでほんとの岩小屋だ。おまけに段がついてゐる。何とか寢られぬ事もあるまいと高をくゝる。

雨も降つたり晴れたりだから、濡れものゝ仕末や汚れものを整理したりする。晝飯のときの飯がまだ多少あたゝかいからコツヘルでカレーをこしらへてカレーライスとしゃれ込んだ。

中味は今朝の蕗、之も山に於ての珍味だ。

入口に枯枝をわたしてそれに濡れた雨外套をかけて扉とした。雨の吹き込むのがこれで大分助かつた。丁度この岩小屋は中央に岩でしきりが出來てゐるので一方は倉庫として荷物を置ける。

岩小屋の右には水流が滔々《とうとう》と音を立て、ゐる。左からも水が流れてゐる。あたりの様子は藤木さんから教へてもらつたのによく似ているのだが、肝心の岩小屋がちがふのだ。暗くなる。霧はどこにも餇い込んで了つた。雨は未だ止まぬらしい。

若し明日も天氣がなほらなければ蒲田に歸らうと云ふ氣持が起る。これで二日も無駄にうろついたのだもの。そう決めると今更にこの岩小屋の侘しい、何とも云へない氣分をより充分に味はつて置きたいと思つた。

防寒具を着込んでシユラーフザツクの中で芋虫を極め込んでゴツゴツの岩の上へ寝ころんだ。低い天井、その岩が今にも落ちて來そうだ。ポトリツ！　水滴、岩は濡れてゐる。ラテルネの光に照らされてどす黒く光つてゐる。何だか偉力を持つてゐそうだ。若しこの天井の岩が落ちたら……と考へ到つた時。ツツト軀の内を突つ走しつたものを感じた。ウィンクラーの様にその行方を知られずに、無言の自然と共に久遠の姿を見出せるかも知れないと考へた。静かな氣配だ。言葉を出す事すら恐ろしい様な靜寂さだ。

落ちる水滴が多くなつた。地圖や手帳等を仕末して底を水が流れても軀の濡れない様に岩をあちらこちらと動かした。荷物の中にマグネシュームがあつた事を思ひ出してピツケルに寫眞機を吊して自分を撮した。

なす事を爲して了つた氣安すさで袋の内に首をちゞめてうとうとする。背中が痛いが身動きも自由でない。ラテルネはつけたまゝ多分錫杖の岩小屋の最後であるであらう夜は、無言の内に靜かに、侘しく、人の子一人を護《まも》つて更けて行く……。

蒲田へ

天氣はやつぱり悪い。昨夜背中が痛くて良く寢られなかつた。今日は谷を下るとする。天氣のせいで出發が遲くなつて十一時半にもなる。クリヤ本谷と出合ふ所は——昨日もだが——やつぱり河の流を渡渉する。靴の中は水がジャブジャブだ。一昨日の道を引きかへして行く。荷物だけせめて吊橋の所へ置いておけば、明日それだけ助かると思つて中尾の方へ出た。橋の上手にキャムプが見える。神戸高商ではないか知ら？　三好の一行が自分と前後して來るとの事だつたから行つて見た。

天幕は松高の人達だつた。うまいコーヒーをよばれ乍ら失敗だつたことを話す。この一行は明日から笠ケ岳の方へ行くとの事で、私が今日蒲田へ歸つて、明日槍平へ行くと云ふと、それではこゝから蒲田への往復は無駄なものだから今夜キャムプに泊つたらとすゝめられる。然し槍平の室堂に米がなかつたら困るからと思つてどうしようかと迷つた。然し偶然通つた人夫が槍平へのせおいこだつたので聞くと室堂にはたくさんあるとの事で安心して、今夜は蒲田へ歸らずにこゝでキャムプの御厄介にならうと思つた。

この河原は氣持の良い所だ。すぐ左側を蒲田川が轟々とすざましい勢で流れてゐる。右手は一たいの河原だ。そこに又とてつもない巨岩がたつた一つごろりと轉つてゐる。この様な巨岩は珍しい。その底部が凹んで、屈《かが》んだら人の四、五人も雨宿りが出來そうな所がある。そこを背景として天幕が張つてある。松高の一行は人夫と四人だ。天幕は廣いとの事で自分が今夜厄介になるのだ。話に夢中になつて、晝飯を濟ましたのが三時。

山は霧や少雨でも下は上天氣だ。河原に濡れたものを乾し廣げる。まるで物乞いが一世帯の虫干をしてゐますと云ふカタチだ。天氣が良いのにノビて了つた。素足になつた、物珍しそうに河原をぶらつく。巨岩がとても氣に入つた。河原の續きに炭酸水が出るのだが出水で之もだめだ。人達との雑談で時は過ぎ行く。

早稲田の人達が七、八人右俣を下つて來る。この一行のリーダーのM氏は後に涸谷の岩小屋で知り合ひになつた人だ。八時過ぎ、焚火のそばでうまい夕食をする。美味いおかずを恵まれて悦こんだ。食事だけは友と愉快に談話をし乍らたべ度いものだ。よし、食物は不味《まず》くとも心から悦び合つて食べられるのは何と云つても仲間のあるに如《し》くはない。

あゝ早く仲間と會い度い、十八日には槍ケ岳の小屋で友に會へるだらう。伊藤！　うまいものを食はしてやるぞ。と云つてゐたが、そして上高地に降りれば學校の小さい人達も來てゐやう。二十四日に上高地へ入つて來る豫定だから、もうあと十日だ。他の學校の人達の愉快な様子を見て、うちの部の連中が戀しくなつた。

人夫を連れて歩ける人達を見ると羨ましくある。それもその筈だ。朝起きた頃には温かい飯に汁が出來てゐるし。いろいろの雑用は辨じてくれるのだもの。

焚火の傍で山話も濟んで、火には大きな「根ツコ」をくべて置いて皆んな天幕へ入る。良い寢床だ、毛布の下には「葉ツパ」が厚く敷いてある。昨夜岩のゴロゴロした所に寢た身には過ぎたもてなしだ。

流の岩をかむ音は軀中に響く、山男には之が母の子守歌だ。シューベルトの子守歌にもかへ難い。金殿玉樓に寢た夢でも見そうな心地で敷いてある草の香を身にふさふさとまとひつゝ蒲田の河原の眠りに誘はれて行く。

右俣を室堂へ

昨夜は夜中に一度も目を醒さずに良く睡眠を攝《と》る事が出來た。四時頃人夫が起きるので自分も天幕を出た。蒲田の川面を塞《ふ》さいでゐた靄が次第に薄らぎ行く。山の頂で見る樣な御來光の華やかさはないが谷で見る曙も亦美しいものである。朝日が東から輝き初めると谷一杯を埋めてゐた雲？　靄？　の一番上層が美しい五色の彩りを呈し初める。次第にその美しい五色が下へおりて來る。宛然《えんぜん》、天上の名繪師が雲にぼかしをかけてゐる樣である。その前兆があると東の冴えた空から黄金の光が矢の樣に谷の隅々迄隈なく行き渡る。手の凍える樣な流で久し振りに齒磨を使つた、ぜいたくな事だ。

一緒に朝餉を濟まして荷物を整理する。七時。リーダーのO氏や其他の人々に昨夜のお禮を云つて、御機嫌ようと槍平と笠ケ岳の方へとに別れた。

林の中の道を左へ左へと進んで行く。茂つた木の間がくれに笠ケ岳らしい雪のかゝつた山が見える。林道を抜けて河原に出る今日の道は河原と林の中との連續だ。林道を抜けると河原に出るし、河原が濟めば林道だ。右俣を上つて第一に入つて來る澤は右から順に外ヶ谷、小鍋谷、柳谷（見堀谷の方が蒲田に人には通りが良い）白出し、瀧澤だ。

外ヶ谷から一里許りで右俣と左俣との出合に着く。こゝから笠ケ岳へは穴毛谷を登るのだが今年は橋が落ちてゐるそうだ。皮肉なものだ。今日は錫杖が朝日を受けて映えてゐる。奇怪な岩の姿、紫色を帯びた褐色の岩山、おまへはとうとう私の入るのを許して呉れなかつた。私は遂に兜を脱いだのだ。若し出來るなら來月の上旬、も一度お前を訪れるつもりだ。どうかその時は私の近寄る事を許しておくれ。今度は潔く退却するから。奇怪な山よ。然しまあ何と魅力を持つた岩だらう。

兩俣の出合のあたりは廣い河原だ、穴毛谷が正面に見える。殘雪がひどい。登つて見たいと云ふ氣が心の内にむらむらと湧いてくる。笠ケ岳の全容がくつきり麓より見上げる事が出來る。然し頂は霧がかゝつてゐてほんの暫しの間顔を見せただけだ。美しい山だ。凄さを有つた岩ばかりの男性的のあたりの山の中にまあ何と云ふ美しさだ。女性の山と云つて悪ければ一ケの雄々しい美少年の姿だ。然し仲々霧のよくかゝる山だ。笠に引きつけられて左俣へ行つて見たくなつた、之を行けば硫黄澤乗越へ行けるのだ。そして双六にも行く事が出來るし。然し残念な事には、橋が無い。又瀧澤も見度いので笠の寫眞を一枚撮つて右俣を進む。中崎山を左に見て進むのだが、まあ何とみじめな様子だらう。枯木がすくすくと立ち枯れたまゝ、山の様子はと云ふと所々に痛々しい赤い地肌が見えてゐる。魔の山穂高に威嚇されたのか、その魔物の息に凋《しぼ》されたのか、憐れな姿よ、笠の様にはなれないのか。弱い山よ！　猿飛びの所で橋を渡つてずんずん進んだが二丁ばかり先でしまつたと思つた。道が抜けてゐる。出水の害は斯く迄人達の作つた事に對して費《ついえ》を強いるのだ。流は早いし、水量も多くてとても渡れないから又引きかへして、橋を渡り流の右を行く。このあたりは地圖も誤りがあるらしい。この道は多分白出しの穂高小屋に通ずる道だらうと思つて通りすぎたのだ。道もはかどつて白出しの入口へ着いた。成程白出しだ。白いガラガラ石が一杯押し出されてゐる川を距てた對岸は猿飛の續きで切り立つた様な絶壁だ。川は深く淵をなしてゐる。覗いて見ると水は碧々として凄味を帯びてゐる。谷に臨んだ巨岩の上でゆつくり休む。この邊の道は河よりもずつと高みについてゐる。前面には巨人穂高が天魔の様な姿で人の子の近付くを呪つてゐる様だ。まあ何と恐ろしい姿だ。瀧谷の手前の河原で荷物を下ろす。河原が美しいのでこゝで晝にする。飯は無いので黒パンとチーズ。水が素敵にうまい。水のうまさだけは山に來る者はほんとにめぐまれてゐる。山水は冷たさのみか一種の靜かな風味を持つてゐるのだ。

　昨日キャムプ地で遭つたせおいこに又遭つた。瀧谷を覗き乍らとほりすぎる。瀧が見えてゐる。暫くすると殘雪が谷一杯を埋めてゐる所に來た。その上を通る。表面は木の枝で黒く汚れてゐる。南澤から出てゐるらしいガラを通る。落葉の深い、踏む度毎に足のめり込む様は靜かな奥深い感のする森の中を通る。流の響は絶間なく耳にある。何かメルヘンの國に來た様な氣持。

　森を抜けて急に豁然《かつぜん》とした明るい廣々とした河原に出た。美しい所、氣の晴れる様な景色。槍平。室堂。何と良い場所だらう。中崎山からズレた谷が來てゐるのが見える。然しその谷も殘雪を持つてゐる。森の一方を切り開いてその上に室堂が立つてゐる。前には右俣の上流がその清澄なせゝらぎの川音をかなで乍ら流れてゐる。こんな奥深い山には勿體ない位、シャレエ作りとでも云ひ度い様。中央から一本煙突が立つてゐる。いや空氣抜きだらう。板ばかりで面白く作つてある。三間に六間の山小屋作りで通した土間だ。雪にも風にも強い様に周圍は石積みだ。聲を掛けて中に入る。裏から「オーイ」と返事がある。笊《ざる》を小脇にかゝへた達付姿の男が入つて來た。後で知つたが番人の大島のおつさん。自在から下つてゐる鐵瓶から澁茶を注いで呉れた。二、三日とめてもらふ由を話すと、さあさあと氣の良い返事。飛驒もんは横着でかまはねえだ。と付け加へる。縣營の小屋だから自分勝手に泊れば良いとの事だ。槍の肩の小屋から人夫衆が通つてゐる。こゝに栃尾からの荷物が一度置かれてあるのだ。大島のおつさんの山話で黄昏近くなつた。小屋の外へ出て夕陽のあかあかとさす槍平の景色にあかず眺め入つた。

流を距てゝ岩ばつかりの穂高が宛《あたか》も神鑿《かんな》で荒削りをした様な男性的の姿、力そのものを云ふやうな様子をして澄み切つた蒼空に高く高く、天魔の如くに聳《そび》えてゐる。黄金の夕陽を浴びて輝いてゐる。飛驒側の穂高もこんな美しい所があるのかと我を忘れて佇んだ。その穂高からの二つの大きな谷がヅリ込んでゐる。左なるは南澤谷、右なるは瀧澤谷だ。殘雪が白銀の様に光る。然しその麓は流石に穂高の嶮しさを偲ばせる。何と鬱蒼《うつさう》と茂つてゐるであらう。その密林は槍平の河原迄續いてゐる河原は廣い。石が白い。流は澄み切つて心地よいせゝらぎの音を絶間なく響かせてゐる。穂高の左手の峰續きに低くなつてゐる所がある。之を登れば飛驒乘越へとつゝいて槍へ行けるのだ。人夫衆の通ふ道だそうな。室堂の裏は直ぐ森だ、小さい祠《ほこら》がある。アルプス神社だとか、日本武尊《やまとたけるのみこと》を祭つてあると云つてゐる。

この小屋は雪崩に破壊される事はあるまい。良い地勢の所に建てゝある。あたりの暗くなる迄立ちつくした。ラテルネを提げ溪流に米を洗ひに行く、冷めたくて良く洗へない。自在に飯盒を掛け飯の出來るのを待つ、火が良いので飯の出來るのを待つ。火が良いので飯の出來具合も申し分ない。然しおつさんは山の飯で良ければと云つて冷飯だが鍋でたいたのを茶碗によそつて呉れた、厚意は有難い、汁をもらつて飯を食ふ。飛驒の人は冷飯の茶漬が好きだそうだ。そしてそれを一日に四回でも五回でも腹の空いた時いつでも食ふのだそうだ。上高地に働きに行つても、あまつた冷飯を食ふので宿屋では大悦びだそうだ。

ココア等を沸してそれを一緒に飲んだ。然し靜かに火をみつめ乍ら山小屋でつきぬ興味の話に聞きふける時は澁茶がうまい。室堂には大したものは備付けてないが鍋釜はある。番人は通常は居ないのだが肩の小屋のある時はそこの人達が番をしに來る。大島のおつさんも肩の小屋に屬してゐるのだ。床板の上には筵《むしろ》が二枚敷いてある。寝る時には大島のおつさんが自分の蒲團を一枚かして呉れた。大きな枯木をくべて寝に付く。焚火がぱつと明るくなつて一しきりもえたかと思ふと又暗くなつて行く。……谷底の憩《いこ》ひ、微睡《まどろ》み。森の樹々も囁《ささやき》をやめて自然は底知れぬ沈默の内にひそまり返つてゆく。

南澤を下る日

良い天氣だ、久し振りで屋根の下でしかも蒲團にくるまつて眠る事が出來た。良く眠むれた。流で顔を洗ふ。黄昏の景色も美しかつたが、朝の景色も亦麗はしい眺めだ。明日は朝霧の晴れぬ間に起きて見度い。今日は散歩がてら槍迄往復して來れば良いのだ、天氣はよいが休養だ。

大島のおつさんが御幣餅を作つてくれた。飯を鍋ですりつぶして串にさしたのだ。小さい團扇《うちわ》位の大きさだ。それに味噌をつけてほんがりと焼くのだ。うまい。然し一本食へば腹は一杯だ、一本で一合五勺位ある。それにおつさんは雑炊一合お粥が二合、米三合、お萩四合に御幣五合つて御幣餅は五本食はねば何んて嘯《うそぶ》いてゐる。一本は晝飯の時と思つて餘分に一本をもらつて出かけたのが九時。

中崎の林道に出れば穂高連峰が一目に見えると云ふので尾根にとつ付いた。要領が悪かつたので林道に出る迄に二時間半も費して了つた。實際ひどい目だつた。もうあとは樂だ、槍迄良い道が付いてゐた。殘雪がある。その雪の上に兎の糞が多い。西鎌を登つて槍へ出た。穂高も上天氣だ、拔戸や笠ケ岳の方も見える。良い天氣で眺めが良い、丁度一年振りだ。槍にも登つたりして四時近くなつた。ふと南澤を下つて見たくなつた。人は通らないが行けそうだらうとの事だつたから大して氣にもとめずに穂高の縦走路の通り南へ尾根を辿つた。大喰を越えた所に大雪溪があつたのでグリセツド*をやつて一寸失敗をやつた。然し大した事はなかつたが二十分ばかり隙取つた。時間が遅くなつたので霧がかゝり出した。防寒具を一寸も用意してゐなかつた。ネルのワイシャツの上にチョツキだけより着てゐない。霧がかゝると寒さを感ずるので岩角に身を潜めてうづくまる。

隙取つて辿り辿り南岳に着いたのは六時四十分だ、こんな事ならすゝめられた通り肩の小屋に泊るのだつた。然し今から引き返す事は不可能に近い。リユツクは小さい方のだからラテルネもない。未だ陽があるからやつぱり南澤を下らうと思つてガラガラ岩を下り始めた。幸ひアイゼンとピツケルは持つてゐたから助つた。雪溪を下るのだから之が無かつたら困るのだ。

＊グリセードのこと。雪溪を靴で滑り降りる技術

突然、雪溪が絶えてゐる。瀧だ！谷が馬蹄形になつてゐて中央と兩側と三方から瀧が落ちてゐる。日は影つて了つた。路は――否、初めから路はない所だがその下りられる様な所は見出せぬ。絶壁になつてゐるから仕方がない。瀧の中には足がかりがありそうだ。然かも水量の最も大な中央の瀧に足がかりが多い。濡れるのを覺悟しなければならぬ。地圖をリユツクに奥深くしまつて、ピツケルを入れて緊《かた》くしめた。水流に入つた。淺い。岩を試みた、確からしい。岩に腹をつけてへバリついたまゝそろそろ下り出した。勿論頭から瀧を浴びての事だから全身濡れ鼠だ。水の中に飛び込んだのと變りはない。

　陽は既に落ちて鳥影も見えず身にはひしひしと寒さが迫つて來る。休む事も出來ない。ピツケルを取り出して雪溪の上を走るが如くして下へ急いだ。とたん、轟然たる異様の響に耳を打たれてヒヨイツと後を振り返つた。何たる幸運、雪溪が陷没したのだ。モ一秒遲かつたらという考へに想到した時思はず辣然《らつぜん》とした。寒さが尚ほもひしひしと襲ひ來るので下へ急ぐかツ。又瀧だ。今度は一つだ。さつき懲々《こりごり》したので何とか免れ度いものとよくあたりを注意した。今度こそは搦《から》めそうだ。左の草付を行かう。匍松《はいまつ》がはびこつて歩きにくい。焦る心を押へつゝ細心の注意でこれも過ぎた。これはひどい目に遭つたぞ、と思つて私に心中恐怖の念が起つて來た。雪がとだへとだへになる。幸にもう瀧はなかつた、然し又失敗をやつた。仲々出口が來ない。ガラガラ石がしまいにならぬので薄暗がりの内にあたりをすかして見た。右手に一つの尾根が見える室堂はその上手の方だから之を越せば直ぐ容易に槍平に出られると思つた。之が思へば失敗の原因だつた。行けども行けどもゴロゴロした岩と、雪崩になぎ伐された樹とに苦しめられて歩るけない。眞のぬば玉の暗夜だ。之も後で考へるに月の出る前の闇であつたらしい。リュックを下ろして鑵《かん》に入れてあつたマッチを取り出した。おぼつかないマッチの微光で地圖と磁石を合はすに苦心する。自分の豫想と違はない。不思議な事だ、萬事休矣。まつしぐらに、、、、谷を下つた。すれば溪流に出られると思つた。そして流に入る迄に道に出會へるだらうとの考だ。轉びつゝ、岩に膝を打ちつゞけつゝ進んだ。石コロ、森。森に入つた。尚ほも目的の方向に進む。路だ、それを傳つて北の方（右手の）へと進んだ。どうやら昨日通つた道らしい。河原に出た。あ、火が見える、お、槍平。いつにかはらぬあたりの靜けさ。自分の焦つてゐる心が羞ずかしい樣だ。廻つて橋を渡るのが待たれず流を渡つて直ぐ小屋に近づいた。「歸りましたぞ――お客さんカッ」懐かしい聲。焚火のそばにへたばつた丁度八時だ。

今夜は賑やかだ。肩の小屋の衆だ。皆で四人、私の南澤を下つたので驚いてゐる。三年許り前に一度人の通つた事があるきりでこの澤については色々な事が云はれてゐるが事實は人の通らない澤だと云ふ事だ。丁度人達も未だだつて鍋の飯の焚けるのを待つてゐた。あつらへ向だ、肩の小屋からわけて貰つたカレーの鑵を切る。自分も一緒に食べさしてもらふ。カレーが大變よろこばれる。大島のおつさんは「あまりおそいので肩の小屋で泊つてくるかと思つた」と云ふ。中崎の林道も私が初めて通つたとの肩の小屋での話だつた。あまり愉快な夜だつたのでマグネシュームを焚いて寫眞を一枚とつた。

この室堂は南側に窓があいてゐる。さつき見えた火もこの窓から洩れたものだつたんだ。その窓から急に明りがさし込んだ、月が出た。黝《はらぐろ》い死人の様な冷い魔の山穂高から滿月らしい月が登つたんだ。夜は更けて話も途絶へとだへになる。ランプも消えて只焚火の明さと窓から差し入る月明りで靜けさはいよいよ冴えて來る。外の人は寢たのに大島のおつさんと二人で火の消えかけるも氣付かずに話し込む。人なつつこい山男だ。十二時になつた。明日は緊張を要するのだ寢る事にする。用意をして小屋の外に出て見た、この凄味を帶びた穂高の夜をおそらく私は一生涯忘れまい。ひそまり返つたあたりの密林。槍平の河原、水の音のみは絶間なく傳はつて來る。岩ばかりの山、魔の山穂高、高壓迫される様な姿だ。冴え切つた空には雲一つない、月光皎々、凄絶《せいぜつ》とでも云ふか。

自然の偉力、潜んだ力を默示する姿、私はこの景色に嚴肅さ以外のものを感じなかつた。美を味ふと云ふ様な氣持に超越して了つて無言の内に小屋へ入つた。窓は私の頼みで開けたまゝにしてある。小屋の内で寝ながらにしてこの景色を眺めた。寝やうとしても頭はますます冴えて來る。

瀧谷から穂高へ

昨夜晩《おそ》く寝たのに四時にならない内に目が醒めた。焚火が消えて、寒くなつたせいだ。一くすべしてうつらうつらしたが良くは寝られぬ。河原に出て見た、谷を埋めつくした朝霧が白んで又何時ともなく散つて了つた。朝日だ。然かも、見よ。その麗しさ、涸澤奥穂の頂の東面が黄金色に輝き初める。次第に明るさが増して來る。曙の美、背後の杜から美しい駒鳥の囀《さえず》りが長閑な雰圍氣の内に蕩《と》け込んで來る。毎年必ず一番宛この杜に住ふとか。河原や密林を抜けて八時には早やくも瀧谷の入口に着いた。瀧を浴びたり、岩雪崩に遭遇したりして緊張の幾時間が續いた。小さい人の子が只獨り偉大な自然の魅力に憧れてその内心深く入つて行つたのだ。

岩と雪との戰ひ、苦しい時間だつた。この澤を登り切つて穂高縦走路の細い通路に跨《また》がつて一人、平和な氣分で眺めたあの横尾谷の美しさ。常念も午後の光を浴びて靜かにその姿を見せてゐた。それに比して飛騨の方は一體の霧に包まれてゐた。然し澤を登り乍ら休んでは振り返つて眺めた右俣の谷。密林の中に河原を控へて建つてゐる槍平の室堂は美しいものであつた。幾度聲を出して呼ばはつたか知れない。こうしたアルバイトの後には無心に咲いてゐる名も知れない高山の植物にも無限の愛着を感ずる。沈默の内に聳えてゐるピークにも限りない親しさを感ずる事が出來る。瀧を上り切つた時涙のでる様な悦びを感じたのも私の心に包み切れぬ感激のあつた爲なのだ。涸澤の頂に立つた時あたりはすつきり霧に蔽《おお》はれてゐたが何か知ら美しいものが感じられた。

穂高小屋の前の岩に腰を下ろして五色に彩られた雲の内にその姿を没さうとする雄大な陽の入りを、紫煙《しえん》を風になぶらせ乍ら無心に見入つた。黄昏れ行く高い山。深い谷を遙かに眺めて、思ひ出の多いその日の記憶を辿つた。

嵐の穂高

昨夜は小屋は滿員で鮓詰めだつた。然し疲勞のせいか良く眠れた。六時頃起きて見ると外はひどい暴風雨だ。四時頃には空一面銀砂子をふりまいた様な星だつたと云ふのに、急に模様が變つたんだ。一歩外は大變な事だ。嵐が吹き荒んでゐる。岩を動かし尾根に突つかる風の音、谷から吹き上げる雨は小屋の隙間から吹き込んで來る。籠城するより仕方がない。厠へも立てない様な荒れ方だ、岳の嵐は凄ざましい。

晝前の一寸おだやかになつた間を利用して大部分の人達は横尾谷を上高地に下つて了つた。然し飛驒側へはとても出られない。天候の爲ならば一日や二日の滞在もしかたあるまいと思つてこゝで一日休養する。寒さが小屋の内に居ても身にこたへる程だ。重太郎の厚意でストーブを焚いてくれた。小屋の人達ばかりと毛布にくるまつて蒲團にもぐつた。盛夏だと云ふのに山では冬籠りだ。霧の晴間から微明りの太陽が暫くの間あたりを明るくするが、又もとの嵐の中に引き戻されて了ふ。嵐のお陰で山小屋の味をしみじみ味ふ事が出來た。一歩外には冷い身に喰ひ入る様な嵐が雷鳴さへ伴つてわめいてゐるのにストーブのお陰で小屋の内は溫たかい。何も考へない。眠り、眠り、只眠りだけだ。睡魔に魅された様に一日中心地良い眠りのみを貪《むさぼ》つた。

雨の白出しを下つて

眼を醒したが嵐はまだやまぬ。昨日の通りで少しも勢は落ちて居らぬ。然し今日も滞在となると一寸困る。そして友が槍の肩の小屋へ來てゐたら、只それだけが氣懸りだ。天氣を待つて下るとしたら槍平へ半日、槍平から槍迄半日、丁度一日かゝるわけだ。天氣の良いのに一日もまつてゐてくれるかどうか疑問だ。今日槍平迄下つて置けば明日の晝迄槍へ行ける。天氣が回復しなくても雨をついて白出しを下らうかとも思つた。すると山本と云ふ人夫が中尾の自宅に歸ると云ふので途中迄一緒に下らうと云ふ。雨の日に良い伴が出來たので悦んだ。も一日滞在しようかとも思つてゐたが重太郎も伴のある時が安全だからと云つてすゝめるので一緒に下る事にする。今日は薪が欽乏してこれ以上ストーブをたけば飯がたけないと云ふのでストーブなしだ。あたゝかいものを腹一杯食つて下らんと軀が冷えると云つて晝飯にはうまい雑炊をたいてくれた。雨具を用意してゐなかつたので下に毛シャツを着込んで、別を告げて白出しのガラを下つた、雨と霧の中を悪い路を走るのだから大抵でない。雪溪がある。ガンヂキをつけて走つて下る。シュルンドがあつてヒヤツとする。この谷にも矢張り大きな瀧がある。上を右へ搦む路がある。時々霧の晴間から中崎の山らしい緑の山が見える。下は天氣らしい、漸く一時に槍平への路に出る事が出來た。しばらく此處で休憩する、山本と別れて又右俣を辿つて中崎山の林道を行つて三角標のあたり迄登つてゐて霧の爲に誤つて犬窪の澤を下りた。腰迄水の中へ浸つたりして磁石は止つて了つた。右俣の急な流を苦心の末渡つて道へ出た。四時間ばかりかゝつてたつた二、三丁進んだと云ふ樣な失策をやつた。道を誤つたら知つた所迄引き返へすが一番良い。瀧谷を覗いて見る樣な裕《ゆと》りはなかつた。さつき迄陽が照つてゐたのに又土砂降りだ。岩を蹴つて槍平へ急ぐ。大島のおつさんが一日がかりでかけたと云ふ丸太橋も、昨日來の荒れで流れてゐる。懐しい河原に來た、槍平だ。小屋に着いたのは七時だつた。おつさんも心配してゐてくれた。明日になれば槍にことづけを賴もうと思つてゐたそうだ。安心してくれた。あたりは段々夜の帳《とばり》の内に隠れて行く。焚火は益々明るさを増して來る。飯を食べさしてもらふ。罐詰を切る。歸つたんだと云ふのんびりした氣分になつた。重荷を下ろした悦びだ。着物はきれいに整理がしてあつた。濡物も乾いてゐた。

落ち着いた氣分で焚火にあたり乍ら冬の話を聞いてゐる。笠谷が面白いそうだ。あまり人の氣の付かぬ谷だ。春の雪解けが面白い眺めだそうな。鼠の形が見えたり二匹の鳩の接吻の形があらはれたりするそうだ。丁度蝶岳に殘雪で蝶の形が畫かれるのと似ている話だ。斯くして槍平の最後の夜は更けて行く。

槍へ

今日はいよいよ槍平ともさらばをしなければならぬ。十五日に此處に來てより既に指折り数へて六日目になる。思へば長い滞留であつた、忘れ得ぬ山小屋だ。そのあたりのたゝずまいは恐らく私を毎年此處を訪れさすであらう。駒鳥の音を聞きに毎年やつて來るだらう。河原に寢そべつてあたりの景色を心ゆく迄眺め度い。一介の漂浪の旅人として訪れ度い。

荷物の整理を濟ませて靴を穿くと「お土産に御幣をしとるから」との事で暫く待つた。大きな奴を三本もこしらへてくれる。一本は其場でよばれた。とてもうまい、あとは槍で待つてゐる笘の友への土産にすると云へば、五葉と云ふ大きな草の葉につゝんでくれた。女房衆が居れば團扇餅と云ふ程に、御幣は位があるつて云ひますのだそうだ。長らく世話になつた心ばかりのしるしに少し許りを贈つたが仲々取つてくれぬ。漸く納得させて立ち上つた。「御機嫌よう」……槍平よ、さらば。靜かな山ふところよ。長い間私を留まらしてくれた谷間よ。河原よ。出來れば冬にも來たい。平和な杜よ。駒鳥よ。私の心をはぐくんでくれた槍平よ、さらば……。

乗越へと荷物を負つて歩き出した。大島のおつさんは暫く見送つてくれた。林の中を通つて行く、雪が殘つてゐる。暫くすると後から增つさんが追つて來た。肩の小屋へ荷物を擔《かつ》ぎ上げるのだ。美しい花畑が出來てゐる。石楠花《しやくなげ》が咲いてゐる。飛驒から吹き上げる風で涼しい。笠が良く見える。いつ見ても美しい笠ケ岳。今日は天氣が良いので焼岳の煙を出してゐる姿。乗鞍の方迄見える。休み休みゆつくりと乗越へ着いた。もうあと一丁だ。

肩の小屋へ着いた。が宛にした友の一行は居らなかつた。十八日に濡れ鼠になつて西鎌を辿つてやつて來たのだそうだ。どうも双六池の畔りにキヤムプしてゐたらしい。天氣が悪いので今日迄滞在してゐたのだそうだが、小槍に成功して上高地に下つたとの事。一時間の相違だ。彼等一行もどんなにか自分を待つてゐてくれただらう。折角「五葉」に包んで御幣餅を持つて來たのに、殘念だが仕方がない。遅い晝を濟ましてどうせうかと考へた。丁度飛驒から霧が吹き上げるし悪い天氣になりそうだつたから今日は滞在して、明日晴天ならば穂高縦走して上高地に下る事にする。

小槍は今年になつてからは彼等友の一行が初めてだそうだ。一緒にやれなかつたのがかへすがへすも殘念だ。その爲に此處で會う約束をして置いたのだから。友の私宛に殘した名刺がある。待つてゐたと書いてゐる。然し小槍はどんなコースを取つたのか不明だ。

此處では飯は半煮えだ。然し贅澤は云へぬ、用水はすべて天水だから、薪も一里も下へ取りに行くのだ。米は槍平の室堂で毎日大島のおつさんの洗つたものだ。手の切れる様な水で、それにつけても槍平は懐しい。薪は豊富にあるし、清流は近くにあるし。

二階の窓から度々槍が隠見する。小槍の頂も少し見える。朝が天氣だつたから小屋は満員だ。

一萬尺の山小屋

御來光を見る人達の騒ぎで眠りから醒めた。然しあまり良い天氣ではない。穂高は霧で行けそうにもない。上高地や燕の方へ行く人達は皆出て了つた。私と畫家一人とになつて了つた。廣い山小屋もひつそり靜まつて了つた。この畫家はN氏。山登りのこんなに一般的にならない前に苦心をしてあちらこちら歩かれたんだ。その時代は地圖も未だ無かつたそうだ。嘉門次爺さんを連れて歩かれたと云ふ。色々その當時の面白い今からは想像の様な苦心の山登りの話を聞く。とうとう嶮悪な模様だつたのが嵐となつた。

今夜は小屋はゆつくりだ。お陰で温たかく寝に付く事が出來た。夢はなくとも……。

小槍

今日もあまり良い天氣ではなさそうだ。御來光の美しさが見られない。小屋は靜かにひつそりしてゐる。霧の往來がはげしい。山にあつては天候程氣にかゝるものはない。單純な心に只一つの心配はこの天候の事だ。霧の中にも槍に登つてゐる人があるらしい。しきりに呼んでゐる。無聊《ぶりょう》なものだから重い山靴をつゝかけて槍へ上つて見た。岩に接近すればそう大した霧でもない。十二時頃槍の頂上に腰掛けて雲の海を下に眺めてゐる時急に霧の晴れそうな氣配を感じた。まだ晝が濟んでゐないので小屋に歸つてそゝくさに食事を終へて、小さいリュックサツクにハンマーやザイルを入れて、マウエル・ハツケン*も寫眞機も序に投げ込んでガラガラ岩の槍の腹を左手から廻つた。どんな氣持だつたか今でも解らないが東鎌・北鎌を越して小槍と大槍との鞍部に出た。八高の人が三人小槍の上に居つて下りて來ない、合圖をして登つても良いかと確かめた。表面の一枚岩をトラバース**してチムニーに入つた。この一枚岩にはマウエル・ハツケンの小さい方を一本打ち込んで置いた。下は千仞《せんじん》の谷底、高瀨の溪谷だ。吹き上げて來

* マウエル・ハーケン。英語で piton（ピトン）。岩用のハーケンで、氷用のアイス・ハーケンと区別される

** 岩壁、山腹などの横断

る風がひどい。緊張と努力の内に小槍の頂上に立つた。

三時頃迄頂上に居たがとうとう雨が降り出した。さつきの三人は十五分ばかり先に下り出した。雨がいよいよひどくなるのでこれでは到底、頂上に居つてその一行の完全に降るのを待つて居れなくなつた。斷りを云つて、諒解を得て人達の邪魔をしない様に大廻りをしてさつき登つた面の反對側即ち裏面を下つた。鞍部に着いて山靴を穿いて暫く休んだ、雨が段々ひどくなる様だ。未だ下りかけつゝある三人に聲をかけて小屋で待つているから茶でも飲みませうとその由を告げて槍の方へ登つた。上の方で「伊藤さん、伊藤さん」と呼ぶ聲がする。N氏の人夫の林蔵さんだつた。雨が降るのに私の歸りの遲いのを心配して合羽を持たせて迎へを出して下さつたのだ。飛ぶ様にして小屋に歸る。

小屋は今朝がた天氣だつたので又滿員だ。小屋の人達の厚意で自分とN氏を下の別室へ移してくれた。N氏は「祝杯を擧げませう」と云つてコニャクを注いで下さる。自分の爲に乾杯をして貰ふ。今こそ初めて岩を登つたと云ふ悦びを感じた。食慾がついて夕食がうまかつた。

今夜は遲く迄起きてゐた。小屋の「小瀬」となんか話をして起きてゐた。ふと机の上の宿帳を繰つてゐて醫大のSちゃんの仲間のM君の名を見出した。二階に上つて鮓詰になつて疲れて寝てゐる人達の間にM君を見出して起した。二人共その奇遇に驚いた。名物の栃羊かんを噛りつゝどちらも尋ね合つた。まさか會へるとは夢にも思はなかつた。M君は北海道の家へ帰る途中の十日間をアルプスに入つて來たのだ。上高地の様子も聞いた。ひょつとすると二、三日中にSちゃんに會へるかも知れぬ。と云ふ。明日中に有明迄ガンバルと云ふので「お寝み」を云つて別れる。M君に氣の毒だつたが下に寝床がとつてあるので失敬した。北海道で馴鹿《トナカイ》の冬毛が手に入るとの事で頼んで置く。

寝る時には沖田さんがN氏と自分の二人にカモ鹿の皮を借してくれた。溫たかい。二階は鮓詰の大混雑だのに下でゆつくりと寝るのは勿體なかつた。

涸谷の岩小屋へ

今日も怪しい空模様だ。然しそう長々と滞在も出來ない。四日目なんだから上高地へ下る人達もある。M君は早やくから出立した。待つてゐても何時天氣が良くなるか確かな見込はない。穂高縦走を諦めて槍澤下りだ。厄介を掛けた人々に別れを告げて又ガラガラの歩きにくい道を下つてゐつた。大槍の小屋の傍で、槍で會つた八高の人達がキャムプしてゐた。然しその人達も今日上高地へ下るとの事だ。雪溪の傾斜がゆるいのでグリセツドも痛快でない。途中有明口の塚田と云ふ人夫にあふ。元氣な男だ。赤、硫黄から北鎌へ出るコースをやり度いが連れて行かぬかと云ふ。自分の身分ではとても人夫なんて伴はれない。

槍は霧だつたのに下は良い天氣だ。横尾の尾根を仰ぎ乍ら一俣の小屋に着く。晝食を終へる。

雪解けの水、萬年雲の下をくゞつて來る冷い水が滔々と流れてゐる梓川の流に沿つて横尾谷の入口迄來た。殘雪のある南岳の尾根がくつきり輝いてゐる。屏風岩も高く天空に聳えてゐる。奥穂高の入口と書いた石碑の所で一とやすみする。

休んでゐる内に急に又、穂高に入り度くなつた。その岩山への執着が振り捨て難い。ヒシヒシと岩の誘惑が身に迫る。未だ一時を過ぎたばかりだ。前後の考もなく夢遊病者の様にふらふらと横尾谷を辿つてゐる。落葉が深く路を埋めて一歩一歩と歩いて行く足がふわりふわりと丁度夢の中へ入る樣だ。林の中の道、秋らしい感のする谷、この谷は穂高の谷の内で一番秋にふさはしい谷だ。出來るなら晩秋の頃輕い荷物を脊負つてやつて來度い。森や林の中を彷徨《さまよ》ひつゝ空想を拾ふに一番ふさはしい谷だ。靜かさの漂ふ谷。途中から道が流の左に移る。そのあたりから道は登りになつて行く。横尾本谷に別れて涸谷に入るのだ。屏風の裾を漸く廻り切つた。雪が谷を埋めてゐる。落陽のてり返しがひどい、とうとう耐へられなくなつて色眼鏡を取り出した。何と云ふあたりの景観だらう。屏風、前穂、奥穂、涸澤、北穂に圍まれた涸谷の美しさ。雪がたくさん殘つてカールを埋めてゐる。雪の解けた所には長い眠を終へて待ちきれなくなつた草が一寸萌え出してゐる。黝い岩に白い雪。雪溪の下を流れる水の音が聞えるばかり。岩小屋の下の雪のテラスにやつて來た。荷物を雪の上に下ろして佇《たたず》んだ。雪の上にはつきりと投げてゐる山の影、眼鏡を通して眺む草木の緑さ。ピツケルで雪を掻いてきれいな所を口に入れた。その冷たさ。谷底には早く夜が來る。五時近い頃だつたので早や黄昏がしのびやかにおし寄せてくる。クランポンがもう夕暮れの薄寒さで堅くなりかけた雪に氣持の良い程良くくい込む。岩小屋を探すのに隙取つた。横尾の岩小屋は路の直ぐそばにあつてぢきにわかるが涸谷の岩小屋はガラガラ岩ばかりの所へ大きな岩が一つ轉《ころが》つてゐてその下が洞《ほら》になつてゐるものだから仲々見付かりにくい。漸く辿り着いた。早大の人達がゐてお互に挨拶をかはす。大抵滿員が普通であるのに今日はゆつくりしてゐる。未だ早いので薪を集めたり早大の人達と話をしたりする。やがて近くの岩へ練習に行つてゐた人達も歸つて來て賑やかになる。之も早大の人達だ。

何と素晴らしい夕焼だらう。今年山へ入つて初めて見た美しい夕焼だ。明日は天氣だ。涸澤や奥穂の西側の輝きを見せて沈んで行く太陽。空にちぎれて飛んでゐる雲にその名殘を見せて華やかな一日の終りがやつて來た。

ふらふらとやつて來たので米を持つてゐない。オートの一鑵を頼りにしてゐたが作り慣れぬせいでうまく出來ぬ。味付も何も持つてゐないので閉口してゐたが早大の人達の厚意で米を貰ふ。焚火にあたり乍ら人達と快談する。色々と話しをしてゐる内M氏と云ふのがどうも何處かで會つた樣だ。二人共そう云ひ合つた。記憶を辿る内にやつとわかつた。蒲田の河原で會つた早大のリーダーだつた事を思ひ出す。親しみが猶更深かまつて岩小屋にふさはしい話が盡きない。H氏やE氏とも近付きになる。良い人達だ。早大は羨やましい。山岳部に良い先輩があり部にも立派なリーダーが揃つてゐる。

斯くして岩小屋の夜は更けて行くのだ。「廢墟の山」穂高は黒い夜の帳の中に魔の樣な姿で靜まつてゐる。銀河が流れてゐる。星の輝きが美しい。穂高星夜、寢るに惜しい。岩小屋の入口で燃えてゐる焚火も火が暗くなつた。壁となつてゐる岩にうつる人影がゆらぐ。寂しさはいや增して來る恐ろしい樣な靜けさの夜だ。蝋燭の淡くゆらめく燈を中心にして圓くなる。靜かに夜の宴が初まつた。ブランデー、山の掟の廻し飲み。自分もその蘂《つど》ひに加はつて岩小屋の夜の更けゆくを惜んだ。カラカラカラ、カラカラカラ、絶間なく響く音。岩の落ちる音だ。異様な響、穂高の夜の更け行くを告げる音か、山男の子守歌か、毎日毎日、否毎時間、ひつきりなしに響く音。身も引き緊まる様な戦慄を覚える。シュラーフザックに首をちぢこめ乍ら、小屋の一夜を、最後の穂高の夜を惜みつゝも疲れは眠りへと誘つて行く……。

上高地へ

又一時頃眠りから醒まされた。岩小屋に寝る夜の習慣になつたと見える。寒さが身に浸む。マッチを取り出してラテルネに燈を入れた。人々はすやすやと穏やかな寝息を洩《もら》して平和な夢を辿つてゐる。袋から抜け出して残火ばかりになつてゐる所へ枯枝を積んで吹き初めた。白い煙がゆらめいてぱつと火が燃えた。匍松の枯枝がパチパチと勢よい音を出てる。他の人々の眠を驚かさまいと氣になり出した。眞黒いビロードの様な空に輝く星、岩小屋の前に腰を下ろしてゐたが寒さを感じて中へ入つた、も一度眠られると思つてラテルネを吹き消した。

日の出前に起き出した。雪を一杯詰め込んだ飯盒を火に掛けて置いて雑談する。

岩小屋の屋根になつてゐる平たい疊岩の上で朝の食事をする。飯は雪を解かして炊いたのだ。美しい谷の曙を眺め乍ら、山の朝の美しさ。今日は良い日だ。穂高を越して上高地に下りよう。早大の一行は前穂の北尾根に向ふので早やく出發、自分は今日下るのだからぐずぐずしてゐた。出發が七時になつた。ガラを横切つて涸谷の雪溪にかかつた。アイゼンを穿いてピッケルを頼り頼り穂高小屋に登り着いた。

重太郎は下へ荷物を取りに降りてゐて留守だ。二時間ばかりも待つたが上つて來ない。晝飯をしてゐる時松下や中畠が登山客を案内してやつて來た。一緒に上高地へ下らうと言ふ。奥穂から前穂へ、足の早いので有名な中畠と一緒に一番先頭を歩いたので随分疲れた。他の人夫が荷が輕いから持たせうと云ふが、折角一人で歩いて來たのだから上高地へこのまゝで行き度いからとて厚意だけを受けた。上高地へ槍澤を下つて行くつもりだつたので荷が大きい。穂高には無理だつたが然し良い經驗だつた。

前穂の頂上では長く休んだ。霧が一杯で下の眺めをかくしてゐる。東京高校の人と知り合ひになる。一人は中学部だと云ふのにその元氣の良いのには驚いた。自分の學校の人達にこんな人があれば良いにと思つて見た。一枚岩も無事通つて、岳川谷の森に入つた。ガラガラ路が足にこたへる。どうせ上高地迄だからと思つて人々に遅れてゆつくり休み乍ら歩いて行つた。温泉が見えてゐて仲々行きつけない。長い森だ。中畠や松下と話し乍らとうとう河童橋の袂に出た。七時だ。人々に別れて清水屋の方へ歩いた。

上高地に着いた。とうとう皈《かえ》つて來た。いでゆの上高地よ、森よ、河原よ、梓の流れよ、穂高よ！おまへの懐は樂しいものだつた。おまへをぐるりと一周したのだ。望み通りに、又縦走路も殆んど歩けただらう。思ひ殘す事はない。無事に歸らしてくれた。十六日間は長い旅だつた。然し樂しい旅だつた。そして又短い様な氣持もする。溫泉宿に一寸寄つて橋を渡つて對岸の中瀬に着く。天幕が六つも張つてゐる。一行は早やく來たんだ。部長や友や小さい人達。なつかしい人々。やがて持ち出された數々は未だ食事の濟んでない自分獨りへの御馳走だ。文字通り山海の珍味だ。なつかしい人達に圍まれ乍ら盡きぬ話にキヤムプの悦びは益々わいてくる。

夜も更けて白樺の林に洩れる焚火も寥々《りょうりょう》、二、三人と連れ立つていでゆから橋を渡つて歸つて來る時、空には銀砂子の星が瞬いて銀河がさつと流れて、霞澤の三本槍から奥穂高への橋を懸けてゐる。明神の上に一つ星がピカリ。空の眸《ひとみ》の様な氣持がした。梓の川音も心持か靜かになつた様だ。

（一九二一七月八月三十一日）

槍・穂高　概念図

伊藤原の行程
稜線
河川
西鎌尾根
肩の小屋
槍ヶ岳
3180m
殺生小屋
東鎌尾根
南澤
槍平室堂
南岳
3033m
瀧谷
横尾谷
北穂高岳
3106m
屏風岩
左俣
中崎山
1744m
白出し
涸澤岳
3110m
涸谷の
岩小屋
穂高小屋
ジャンダルム
奥穂
高岳
3190m
前穂高
3090m
右俣
錫杖岳
2168m
西穂高岳
2909m
明神岳
2931m
蒲田温泉
岳川谷
梓川
明神池
河童橋
清水屋
上高地
大正池
焼岳
2455m
中尾峠
岩魚止の茶屋
徳本峠
島々駅→
0
2 km
N

一九二七（昭和二）年七月　行程

十一日　晴。上高地―中尾峠―焼硫黄岳―中尾―蒲田―今田方　中尾あたりからひどい夕立にあつて、ずぶ濡れになつて蒲田へ着いた

十二日　曇、雨。蒲田（九・〇〇）―クリヤ谷の左岸に移る（一一・三〇）―休憩（一・〇〇迄）―右岸に移る（三・二〇）―左岸の洞穴（四・〇〇）

十三日　雨、曇。出発（九・三〇）―クリヤ谷渡渉右岸へ（一〇・三〇）―石室（一一・〇〇）雨烈しく之を根拠地とす―右の谷を試みる（一一・一〇―一・三〇）―休憩―左の谷を上る（二・三〇―三・一五）―根拠地の石室（三・四五）

十四日　曇、晴。出発（一一・二五）―クリヤ本谷との出合（一二・一五）―蒲田吊橋（一・三〇）巨岩の所で松高の一行と會い、キヤムプに厄介になる

十五日　晴。出発（七・〇〇）―瀧澤谷入口（一・三〇）―槍平室堂（三・三〇）

十六日　晴。出発（九・〇〇）―中崎の尾根で苦しむ（一一・三〇迄）―槍肩小屋小憩（四・一〇迄）―南岳の北谷（六・四五）途中度々霧にまかれる―三ツの瀧の落口（七・二〇）中央の瀧を下りる―瀧、左をからむ―槍平室堂（八・〇〇）

十七日　晴。室堂発（七・三五）―瀧澤の入口（八・〇五）―小憩―第一の瀧の下（九・〇〇）―瀧の左方の草付きで苦しむ（一〇・二五迄）ガリーの下へ引きかへす（一〇・二五）―ガリー上部のテラス（一〇・三七）―小憩（一一・〇〇迄）―第二の瀧の下（一一・一一）―瀧の上（一二・二五）―涸澤岳の

北のキレット（二・五五）—穂高小屋（四・〇〇）

十八日　暴風雨。滞在　重太郎の厚意でストーブを焚いてもらふ

十九日　雨。小屋発（一一・三〇）—白出澤を下る—槍ヶ岳舊道に出る（一・〇五）—兩俣林道を辿る。霧の為め誤つて、犬窪へ降つた。澤をつたつて右俣へ出る（六・〇〇迄）—瀧澤入口（六・一五）—槍平室堂（六・五〇）

二十日　曇。室堂発（九・〇〇）—飛驒乗越（一・〇〇）—槍肩—小屋（一・二五）檀の一行は上高地へ降りた後だつた

二十一日　暴風雨。滞在

二十二日　曇。小屋発—槍と東鎌及北鎌との鞍部を經て小槍の鞍部へ—鞍部発（二・一五）—表即ち西南面を登る。アイアンフックを打込む—小槍頂上（二・三二）—頂上発（三・一〇）—裏即ち東北面を降る—中部のテラス（三・二〇）—最下部（三・一一）—鞍部（三・二二）雨の中を小屋へ歸る

二十三日　曇。肩の小屋発（九・〇〇）—一俣小屋（一二・一〇）—横尾入口（一・一五）—川の左へ渡る（二・〇八）—本谷との合流點を下に見る（二・三五）—岩小屋（四・五〇）午後は晴天になつた

二十四日　晴。岩小屋発（七・四〇）—穂高小屋（九・三五）—休憩（一二・三〇迄）—奥穂高頂上（一・〇五）—前穂高頂上（二・四五）休憩（三・三〇迄）—上高地

甲南高等学校山岳部報告・創刊号（一九二七年）所載

瀧澤谷涸澤岳登攀（單獨行）

伊藤　愿

《解説に代えて》

この谷に刻まれた深い黒々とした岩溝と、そそり立つ岩稜こそは穂高連峰を代表する「日本の岩場」であり、ここを舞台にくりひろげられたクライマーたちの苦闘の足跡は、そのまま穂高岳の登山史、というより、日本の登山の歴史の中に大きな光彩を放っている。（中略）昭和二年七月には、名クライマー、甲南の伊藤愿が単独登攀を敢行した。

（山崎安治著『登山史の周辺』一九八四年　茗渓堂より）

勇敢な単独登攀者が、突如として滝谷に出現した。彼の名は、甲南高校の伊藤愿。疾風のごとく滝谷を登ったとみるまに、次には小槍を簡単に平らげてしまった。

（斎藤一男著『岩と人』一九八〇年　東京新聞出版局より）

殘雪に彩られた男性的な、魅する様な岩壁、初夏の爽やかさを感じさせる山、蓋《けだ》し之は上高地や横尾から眺めた穂高に外ならない。即ち穂高と云ふ山は信州側から見る時は、その峻しさにも或る纏《まとま》り持つてゐる。即ちその鐵塊《てつかい》の如き穂高も全容として見るときは一種の美を有してゐる。然し乍ら飛驒側より之を見る時はその山容は全く別趣なものである。黒味を帯びた岩、押しつける様な威容、實にその大峭壁《だいしょうへき》は人の近寄るを寸毫《すんごう》も假借しないとばかりに威嚇してゐる。實際飛驒側より穂高を望む時はどうして登れるだらうかと疑ふ程である。亦之に伴ふてその谷も信州側の岳川谷の明るさを有し、又横尾谷は長閑さを有して登山者を魅惑し登行への憧憬の念を起させるに比して飛驒側の谷は何と云ふ陰鬱さであらう。搗《か》てゝ加へて麓の密林の奥深さその無氣味なたゝずまいは猶更に人の心を暗くさせる。

此の様な理由からして信州側の穂高と云ふものゝ一般的であつたに比して、飛驒側の穂高についてはあまりに知られな過ぎた程であつた。然し近來 Rock climbing の發達に伴つて、之を試みる人も出來て、この瀧澤谷を除いた外は殆んど総べてが人間の觸感を知つて了つた。又この唯一の瀧澤谷*すらも、昨年八月 Rock climbing の先覺者たる朝日新聞の藤木九三氏に

* 現在の呼称は北穂滝谷

よつて北穂のキレットへのローテ*、及び早大の四谷氏一行によりて涸澤岳へのローテが開かれた。此れで嘉門次爺さんの折紙をつけた飛驒側の谷もすべて手を着けられ、極められた事になる。然し乍ら依然として、飛驒側の谷は信州側の谷に比して試みられる事が少なく、新しさを有してゐる爲に墜石甚だしく、天候に左右される事は想像以上である。加えて、飛驒側の谷は殆んど總てが瀧を持つてゐて、降雨後には瀧の水量が甚だしく増し登攀は全然不可能となる。昨年前記二氏と前後してＲＣＣ**の西岡一雄氏も同じく之の瀧澤谷を試みられたが、數日來の降雨續きの爲、水量は非常に増加し、墜石甚だしく然かも瀑流に多くの岩が混じて危険極まりなき為、萬難を排して雄瀧の上まで行かれたが遂に引きかへされた程である。で今度自分が之の谷を試みるに當つても、此の天候とその登攀の時期に就いては随分心配した。七月初旬蒲田の今田旅館に泊まつて、由勝を招んで話をした時にもその事が第一の論點であつた。彼は今ぢゃ無理だと云ふ、雪が多いと云ふのだ。雪の多いのは初めから覺悟して來たが、然しその爲水量が多い事と水の豫期以上に冷い事が氣がゝりだ。そして彼は私が一人でやると云ふ事に對して

＊　Route　ドイツ語。英語でルートのこと

＊＊　Rock Climbing Club　一九二四年に神戸で結成された、日本初の岩登りを主とした山岳会

多少の懸念を懐《いだ》いてゐるらしかつた。

然し私には登攀の時期が何より問題だ。駄目となれば無理をせずに引きかへそうと思つてゐた。

瀧澤へ

七月十七日　いよいよ瀧澤をやるのだが昨年既に三組も之に手を着けたので初登攀の悦びは味ふ事は出來ないにしても、その三組共が案内を連れて行つたのだし、今自分はほんとに一人でやるのだと云ふ別趣な心持を懐いてゐた。

槍平の室堂は實にすばらしい所だ。室堂の窓を開けて眺めてゐると奥穂と涸澤の Gipfel* の東側から黄金に輝いた朝日がその明るさを増して行く、薄紫に眠つてゐた岳も目を醒す。まだ薄靄の罩《こ》めた林から駒鳥の朗らかな啼聲が響いてくる。焚火も良くもえて自在にかゝつてゐる湯もたぎつて來た。簡單な朝食を濟まして、七時三十五分、大島のおつさんの『ためらつて喃《の》

＊ドイツ語で「山の頂き」の意

う』の聲に送られて室堂を出た。
一寸こゝで今日のコンディションに就いて云はう。荷物は出來るだけ最大限に切りつめた。リュックサックは瀧の下をくぐる事を豫定して小さい方、ゴム防水の内袋のあるのを持つて行く事にした。中味は寒さを感じた時の用意に毛シャツ上下、地圖、磁石は常の通り、飯盒一杯の飯と水筒には濃厚なコヽアを充した。ザイルは一人だから十米、ハンマー、それからマウエル・ハッケンは二本用意したが使はなかつた。ピッケルとシュタイガイゼン*は未だ雪が多いとの事で持つて行く事にした。靴はクリンケル**と丸鋲を打つたもの。もう此れ以上は制限出來なかつた。

密林を縫つて室堂から三十分程で瀧澤の入口に着く。八時五分。少憩の後、流れの右岸を沿つて進む。残雪がある。クレパスが口を開いてゐる。九時、第一の瀧の下へ來た。雪は瀧の直

＊　シュタイクアイゼン。ドイツ語で Steigeizen。日本では略称でアイゼンと呼ばれる
＊＊　登山靴の底に打つ鋲の一種。ドイツ語で Klinker

ぐ近く迄續いてはゐるが瀧の水に削られて、端は丁度シュルンド*の様になつてゐて非常に危い。扨《さ》てローテだ。右を取るか左を取るか、一寸困つた。此のあたりの地勢を少し述べて見よう。此處は兩方から二つの澤が入り込んでゐる所で左の澤は屏風になつてゐて、此れからも小さい瀧が五六條懸《か》かつてゐる。その右が多少木が生えてゐる場所で、それの下はやつぱり岩だ。その右にある澤がこの巨瀧があるのだ。即ち左手に相當な瀧とその右に大きな本瀧が凄ましい音を立てゝ岩を削つてゐる。此の場所に立つてあたりを見廻すと、何と云ふ窮屈さを感ずるであらう。身は峭壁にすつかり圍まれてゐる。瀧は轟々たる響と共に身に迫つて來る様だ。開いてゐるのは今登つて來た澤の流れ口だけである。

この三方共切り立つた様な岩壁の何れかに據つて登攀しなければならぬ。之が最大の難関だ。右するか左するか、暫し瀧の下に立ちつくしてコースを考へた。若し左手を登るとすれば瀧の左手にある幾分手がかりの多くありそうな岩を攀ぢ上つて、前に少しく述べた樹木の少しある所へと付かれるのだ。それをうまく利用すれば瀧の上、左手へは出られそうだ。右を取る

＊ 雪渓と岩の間の隙間

とすると。三、四十米位な水の流れてゐる岩壁――手がかりは十分あるので安全だ――をよぢ登れば一寸した Terrace がある。尚此の上は屛風岩で然かも細い水が瀧をなして落ちてゐる。此の中腹――と云つても此の Terrace から二十米位上方――に何とかすれば、左へトラバース出來そうな裂罅《れつか》がある。又 Terrace から左へ搦《から》めば、即ち雄瀧の右手に當つて Gully* がある。二十米か二十五米位だ。然しその Gully の下に行くには頭から水を浴びて行くのだから随分つらい。昨日南澤を降りて瀧の中をくゞりつゝ足場を求めるには閉口して了つたので、なるべくならば此の水を浴びる事だけは御免蒙り度いと思つた。それでこの裂罅を左へトラバースして雄瀧の上へ出る事を考へた。

先づ直上は屛風の様だから右の草付の方へ、うんと搦んだ。随分不安定な事だ。書き落したが瀧の下でアイゼンはつけてゐた。それは雪から岩へ移るのに雪の端が Schlund の様で step を cut せなければならぬ程で危険だつたから。草付を搦んで上へ上へと試みたがうまく行かぬ。遂に Ober-hang** に突つかつた。オーバー・ハングは二度目だ。色々と工夫したが結局駄目、

* 英語で岩溝のこと。ドイツ語ではルンゼ、仏語ではクーロワール

** 岩壁や氷壁が庇のように突き出て頭上に覆いかぶさるようになったところ

仕方がないから Gully を試みやうと思つて降りる事にした。下りには自己確保法を使つて岩角や灌木の根を役立たした。

前記の Terrace 迄戻つて考へ直した。草付で案外長く苦しんでゐる。今時計は十一時二十五分だ。二時間半もかゝつたんだ。胸中には何だか不安さが湧いてくる。何でもない事だが今朝室堂を出る時靴の紐の切れた事も氣にかゝる。――山男の感傷と一途に斷定して下さるな、山ではほんの僅の事も氣になるものだ――引きかへそうかとも考へた。十時半にも近くなつたでは時間も充分とは云へない。然し今日の晴天を取り逃がしては明日を保證する事は出來ぬ。

引きかへすにしても、せめて雄瀧の上迄出よう。濡れても仕方がない Gully をやる事にする。頭から水を浴びつゝ Terrace から Gully の下へ進んだ。下へ行く迄に全身はビショ濡れだ。此の Gully はチムニーと云ふには廣過ぎるもので Backing up* は使へない。四肢を踏張つて一ぱいだ。そのフリクションを利用して登るのだ。岩質は粘土性を帯びてゐて脆《もろ》い。Gully 中途位迄は Griff** もあるが上はそれが無い。加えて、水で濡れてゐる。傾斜は六、七十度位もあるだらう。

* チムニー（煙突状の岩の窪み）を登るのに背中と足をつっぱって登る方法

** 手掛かり

上部はそれでも、もつと傾斜がひどい。小さい岩は相當に落ちた。此のあたりから足場を切つた。登り切つてGully上部にあるEgress*に取り付いた。此處から上へ出るのにまつ直ぐGullyを登り切るのと、一寸下手から右へ傾斜のひどいボロボロの岩の所へトラバースしてガラガラの岩で出來てゐる上のTerraceへ出るのとの二つの路があるが、後者を取つた。ガリーの上部のテラスは草地だ。直ぐ下はガラガラ石の河原だ。それは雄瀧の落口へ續いてゐる。なる程水量の多い筈だ。直ぐ近く迄雪溪が來てゐる。少し休憩する。食事をしようとして箸をつけたが一箸しか食へぬ。これではいかぬと思つたが、仕方がない。水筒のココアを一口飲んだきりだ。Gullyには十二分かゝつてゐる。陽が丁度このテラスを溫めてくれた。水に濡れた寒さもあまり感じない。休みつゝあたりを見廻した。瀧の落口の少しを除いては又直ぐ雪溪だ。

實際由勝が話した様に樋《とい》だ。第一の瀧で見た通りの景色だ。兩側は峭壁だ。そして右手の岩壁からは之も細い瀧が三、四條雪溪を叩いてゐる。まあ何と瀧の多い谷だらう。どこを見ても瀧だらけだ。此れから先でも屢《しばしば》この様な眺を恣《ほしいまま》にする事が出來た。二、三十米の細い水が白煙を擧げて黝《はらぐろ》い岩から迸《ほとばし》り出てゐる有様は實に美事なものである。天氣が良かつたればこそ、

* チムニーからの出口

こんな餘裕を持つてあたりの景色を眺める事が出來たのだ。

十一時迄休んで立ち上がつた。草地から少しガラガラを傳つて直ぐ雪溪に突つかる。雪溪の下の流れに、石が混じて流れるのでごろごろと物凄い音を絶間なく響かせてゐる。今にも雪溪が下へ陥ち込みそうで心はびくびくものだ。黒く汚れた雪溪を尚ほも進むと又瀧に直面する。さつき正面に見た瀧だ。所謂第二の瀧と称するものだ。雪溪の端はさつきと同じくシュルンドになつてゐて足場が危い。やつと瀧の左手の岩へ噛り付いた。

この瀧の落口や岩は仲々複雑な相をしてゐる。即ち岩に噛りついたまゝ下を覗き込んだ。宛然、洞穴とかはりはない。その洞穴の底を、雪溪の下を、瀧の水は轟々たる響をたてゝ泡を立て岩をかんで流れてゐる。暫く見てゐると氣が遠くなりそうだ。下の方を覗き込んで岩の様子を見るに、下の方は大體に於て右手が手がゝりがありそうだ。然し上の方はと見ると右手の方は峭壁になつてゐる。左手は無理をすれば多少とも手がゝりを見出せそうだ。その上に右手を登るとなれば一度下の方へ降りてそして瀧の飛沫を浴びつゝ右側に渡らなければならない。なるべく水を浴びると云ふ様な事は此の際免れ度い、たとへそうせなくとも全身濡れ鼠になるのだから。そして若しこの際水勢に打たれて一歩足を踏み滑らしたら……雪溪の下を泡をかみつゝ流るゝ奔流の爲め雪溪の底をくゞつて、第一の瀧の落口へ出るだらう。然しその時にはもう命はないものとせなければならぬ。若しその上に雪溪が落ちて來たら、……昨日の南澤の事を考へても陥没しないと誰が保證出來よう。そしたら久しなへに萬年雪の下積だ。……とてもそんな事は出來ない。無理をしてゞも左を行かう。斯く決心して瀧の水に濡れ乍ら左側を手がかりを探しつゝ全身緊張の内に途中の一寸したテラスに出た。そこで流の水を汲んで飯を食べようとしたがやはり食へぬ。ココアで一時を凌ぐ。十一時二十五分だ。小憩の後又上へと向ふ。幾分寒くなつて來て長く休めぬ。寒さと云へば第二に登つた瀧で水の中へ手を差し込んで手がゝりを探すのに冷めたさで手がしびれた様だつた。

ピッケルとクランボン*の使用で五十度を越す様な雪溪もぐんぐん登る事が出來た。槍平が小さく見える、又それを圍む密林も。霧の時間からは美しい笠ケ岳が見えたりする。穴毛谷も見える。登つて行くに從つて谷がいくつもいくつも右左から入つて來る。右から第一に涸澤の西へ出てゐる尾根を越して白出しに通ずるらしいもの、左からは又北穂の大キレットに出るらしいものが入つて來てゐる。

* アイゼンのこと

落石が随分ある。最初は縦走者だとばかり思つてゐたが、ふと、目前の一つが急に雪溪をするするすると落ちるのを見て唖然とした。落石の危険をさける爲に谷の右か或は左かへ寄り沿つて進む。ガラを踏むととても危ない。この谷に限らず飛騨側の谷はすべてが雪と岩とに埋まつてゐて、その岩たるやほんの一寸の保ち合ひで重り合つてゐるのでうつかり踏むと直ぐ小規模の岩雪崩を起す。一度小さい岩雪崩に乘つて一間ばかりづつてからは雪があればなるべくそれを行く事にした。とうとう雪溪はなくなつた。脱ぐのが面倒だのでアイゼンをつけたまゝガラを登る。涸澤の峭壁は益々おつかぶさつて來る。傾斜は急になるそろそろ霧がかゝり出した。見透しが利かぬ。これで随分隙取つた。岩が大分しつかりして來た。頂上はもう近くらしい。どうもあまり右へ來すぎた感がするので、谷を左へ取つて見た。これ迄は大抵見當で右へ右へと進んだ。傾斜は益々急だ。頂はおつかぶさつて來る。四つ這ひの登行だ。出口が見え出した。

とうとう細い鞍部に着いた。二時五十五分。鞍部に跨《またが》つて涼を入れる。谷を一面霧が罩めて了つた。それに比して横尾の明るさ。屏風が眼下に眺められる。常念も午後の陽に光つてゐる。氣のせいせいするカール、数時間の緊張した氣分からやつと解放された。信州寄りには金ぽうげがきれいに咲いてゐる。何と云ふ長閑《のどか》さだ。只一人 恣《ほしいまま》 に此の情景を味はつてゐるのだ。何はともあれ小屋へ着いてからと未練を残して、アイゼンを脱ぎピッケルをリュックにくゝつて涸澤の北を縦走路の通りに登る。暫くすると「オーイ、オーイ」と呼ぶ聲がする。氣のせいか雪渓の方から聞える様だ。又昨年の「二の舞」ではないかと思つてこちらも應酬する。少し行くとつい先で聲がする。尚も進むと呼んでゐる人達に出會つた。「涸澤の小屋はまだですか」と云ふ。色々聞いて見ると案内人無しで初めての人達ばかり五人の穂高縦走だ。肩の小屋を六時頃に出たそうだが初めての事とて迷つてたのだそうだ。之も随分無謀な事だ。一緒に穂高小屋迄伴ふ。

涸澤の頂上へ着いたがあたりは霧で良くは見えぬ。眺望の利かぬ事程残念な事は無いがやむを得ぬ。ガラを踏んで穂高小屋に着く。重太郎に會ふ。やつとゆつたりした氣分になつて今朝から初めてマドロスをくはへる。四時。室堂で知り合ひの仁助や勘一郎に會ふ。安心したせいか急に腹が空いて、汁を貰つて飯盒一杯の飯を平げる。

ゆつたりした氣分で小屋の外で腰を下ろして夕靄の中に沈み行くあたりの山々、抜戸や笠のあたり一面に棚引く五色の雲海を眺めて一日の愉快なアルバイトを終へた。心地良い蕩酔に浸つた。

今日は晴天に恵まれて穂高は實際大混雑だ。お蔭で小屋は満員だ。二十何人の鮓詰だ。然し不足は云はぬ。一週間振りで蒲團に寢られるんだ。……何と云つても山小屋の楽しさだ……

七月十八日。四時頃には空一面銀星が輝いてゐたのに七時頃とうとう嵐になつて了つた。若し昨日之を延ばしてゐたら？　何とも云ふ事の出來ない、一種名状すべからざる氣分につまされた。吹き募る風は岩を動かし小屋の屋根を揺つて勢ひ甚だ険悪だ。此れでは一日籠城だ。丁度軀の良い休養だと思つて呑氣に構へ込んだ。寒さがひどいので重太郎の厚意でストーブを焚いてもらつて毛布にくるまつて寢ころぶ事にした。外には嵐が荒れ猛つて小屋の外へ一歩も出る事は不可能だ、便所へ出る事も出來ぬ。

それでも晝頃少しやみになつたのをねらつて一部の人達は涸澤谷を降りて行つた。それで小屋も靜になつて、良い氣持ちでストーブの側にころんで五時頃迄寢た。實際山小屋でなくては味はへぬ氣安さだ。

七月十九日　嵐はやまぬ、然し烏帽子方面から來る友の一行との打合せがあるので少くとも明日中には槍に行かねばならぬ。それで嵐がやまなくとも白出しを下つて室堂へ歸る事に決めた。丁度人夫の勘一郎も中尾に歸ると云ふので中途迄一緒に出掛けた。十一時半に小屋を立つて室堂へ歸る。大島のおつさんも歸りがあまり遲いので萬一を心配してゐて呉れた。

後記

瀧澤——飛驒の人達は通稱「雄瀧雌瀧の谷」と云ふ——を終へてその感想と云ふ様なものを書いて見度い。由勝も瀧の上へ出ればあとは登る事が出來ると云つてゐた。實際やつて見ればそうだつた。この谷は彼の云ふ様に事實、樋を立てかけた様な谷だ。兩側は峭壁だから如何ともする事は出來ない。それに雪とガラとの數時間のアルバイトだからあまり感心したコースではないかも知れぬが、人のあまり入つてゐない谷だけに確かに新鮮さだけは持つてゐる。パーティーとしてやつても、亦單獨でやつても注意すればそう大した危險は感ぜられない。只くれぐれも注意すべきは落石だけである。飛驒側の谷は何れも落石が甚だしい。今年八月、柳谷から西穂へかゝらうとした某高の一行中一人は落石の為大變な負傷をされたそうだ。大變氣の毒な事だ。その落石にも三通りある。自然に落ちるのと、穂高縦走者が無意識に、或は意識して——それは飛驒側の谷はとても人が登つて來ると云ふ様な事は考へないから——落すのである。自分もこれを心配して十六日には肩の小屋へ行つて沖田さんにこの事を注意してくれる様頼んでおいた程である。最後に登攀者自身達が落すのである。某高のも之れであつたとか云はれてゐる。それから登る時期である。昨年は皆八月にやられた。七月は未だ雪が多い。八月に勿論少くなる。それで七月と八月との比較であるが、七月には雪の爲にガラを踏んで行く苦痛は免れるが水量の多いのと水の冷さには困らされる。雪溪の端がシュルンドになつてゐて危険はある。然し八月には以上の反對な現象が起る。そして雪の多い時よりも時間が多くかゝる事である。要するにこの谷は七月でも八月でもあまり大差はなからう。私は出來るならもう一回九月の初旬にやつて來て天候の良い日を見定めて雪の殆んどない時にやつてみたいものと思つてゐる。そして此れに入つてゐる澤を探つて行くのも面白いプランだと思つてゐる。又此の谷は瀧の多い谷だからどうしても水量を考慮しないわけには行かない。瀧の落口の形狀から云つても水量の多い時にはその僅かな通路も水に奪はれるだらうし落石も多くなり瀧に石がゴロゴロ混ずる事も多いだらう。ピッケルはどうしても缺く事は出來ぬだらう。雪の多い時はアイゼンも必要だ。然しガラの登行となると、傾斜も急になつて四つ這いだからピッケルは邪魔になつてリュックへ納めた。それからこの谷は瀧との苦戰だからどうしても濡れるのを豫定せなければならぬ。それに軀が濡れると必然的に寒さの伴ふ事も覺悟せなければならぬ。實際、水を頭から浴びたり、水の流れてゐる岩にかゝつた時に袖口から水が流れつたつて軀を濡らすのだから積極的の事は出來ぬかはりに一寸した防寒具位ほしいのはやむを得まい。これがこの谷での一番困つた事だつた。それからも一つ附け加へ度い事は腹は空いてゐるにもかゝはらず食慾のない事だ。飯をしつかり用意したのに役に立たなかつた、この事は早大の四谷氏一行も書いて居られる。私はココアの濃いのを持つて行つたので大分助つた。之はあまり大した事でないかも知れんが一寸考慮すべき事と思ふ。要するに普通の谷キチに飽きた人にも面白い谷である事を保證する。

（一九二七年八月二十五日）

『アサヒ・スポーツ』昭和七年二月一日号・二月十五日号（一九三二年）所載

ポーラメソドによる富士登山

伊藤　愿

この記事によってポーラメソド（極地法）登山が新しい登山技術として、当時の第一線の登山者のキャッチ・フレーズとなった。ポーラメソド（いまはポーラー・メソッドという）という言葉を初めて日本の登山界に伝えた貴重な文献である。

一行のメンバー　先輩――西堀榮三郎（リーダー）、今西錦司、浅井東一、酒戸彌二郎、細野重雄
学生――伊藤愿、工楽英司、遠山富太郎、藤田喜衛、扇田彦一

昭和六年も押しつまった十二月二十六日の朝まだき、富士駅に下車したわれわれ四人の先発隊は、一行が二週間を支える全食糧、共同装備品それに自分達のリュックサックとスキーを積み込んだトラックの一隅に、富士颪《おろし》を頸すじに感じながらうずくまった。この莫大な荷物

の他に、後から本隊がそれぞれ自分のリュックサックとスキーを携えて来るのだが、五百瓩（キログラム）にあまるこの荷物を、キャンプ（I）から上へは一人の人夫も使わないで、自分たちだけで運び上げなければならないことに想到するといささか憂鬱になる。何回か集まって相談し、出来るだけ切りつめたのにこの荷物だ。

夜はまだ明けず、富士町は静かに眠っている。揺られること少時。ようやく東が白みそめてまっ先に富士山の頂に暁が訪れた。純白の神々しい姿、大空にくっきりと浮び出したその山容。

買い込んで置いた新聞がやっと読めるようになったが、トラックの動揺が劇《はげ》しくて、ちょっと拾い読みするのにも非常な努力がいる。蒼空に浮き出た名山富士の暁をスナップしようとする活動写真班は「踊る富士」だとこぼしている。新聞の拾い読みを断念して、暁の富士の神々しい姿に眸《ひとみ》をむけたままトラックは刻一刻と移り行く景観を恣《ほしいまま》にさせてくれる。旭光がやっと裾野全体に伸びた頃、上井出の村に着く。

三頭の馬

九時二十分、おびただしい荷物も馬三頭に納まって、いよいよ出発。広漠たる冬枯れの裾野の中に、いくつもの山行きにつきまとう重荷から解放された四つの顔が、朝日を浴びて朗らかに笑っている。裾野は目路遙かな彼方まで延びて、冬枯れの草が風と遊ぶ。活動写真班は一行に前後してしきりに活動している。ゆるやかな裾野道も少しずつ上りになって、二、三日前の降雪がまだ残って雪と泥とのごった返した道が現われる。大沢の断崖はますます物凄い姿になってきた。正午を少し過ぎた頃、笹で屋根をふいた竹伐りの小舎に着く。一足先に着いている馬子達がどうやらまだ昼食を済ましていないらしいので、ここで昼食にしたらどうかというと、馬が可哀想だから目的地へ早く行って、馬から荷をおろしてやりたいとの答。

もっともなことだと思って憩いもせずに先をいそぐ。馬子達の今の言葉が頭に残っていると、友の一人が、連中はあんな面付きをしているが、馬のこととなると涙さえ流すんだからなあと。径はいよいよ細くなって、雪も追々深くなる。半ば雪に埋もれた熊笹の叢《くさむら》を押し分けて大沢の磧《かわら》へと登って行く。

一面に雪をかぶった大沢の磧は広くて、天幕場として申し分ないが、夜の嵐を恐れて林の中に荷をおろす。重荷を背負わされて汗を出しながら坂路を登って来た不憫《ふびん》な馬は、馬子達が馬が悪くなるといって気を配っているのに、隙を見ては雪の中に体を転ばせようとする。竹小舎までの約束だったので割増しをつけて馬をかえす。

キャンプI

いよいよわれわれの営みが始まった。雪をならして伐って来た笹を敷きつめ、その上に防水布を展べるとよい床が出来上った。天幕は立木に張り綱を取って、支柱を使わないでしっかりしたものが出来上った。林の中ににわかに天幕村が出現する。食糧倉庫を合わせて三張りの天幕、沢に水を探しに行ったが見付からなかったので雪を溶かして炊事する。明後日から本隊の人達の住む天幕を食堂に充ててあわただしかった一日の出来ごとを語りながら愉快な夕食をとる。雪の上で燃やした焚火に暖まってから、天幕の中に展べられた毛皮の睡眠袋にもぐり込む。本隊は今夜京都を発っていることだろう。

ルートの偵察

十二月二十七日、晴後雨

夜中の気温が相当低かったのに毛皮の睡眠袋のお蔭でゆうゆう朝寝をしてしまった。もう磧にカンカン朝日が射している。兎の罠を見廻りにやって来た竹小舎の男に大沢の泉の場所を教えてもらった。お蔭で今朝からアクのある雪を溶かした水から救われた。朝食後ごそごそやっていると正午近くなった。昨夜きめた通り二人は大急ぎで支度をして上へルートの偵察に出掛ける。スキーはひいて、輪かんじきを穿いて行く。雪におおわれた磧の溶岩塊が輪かんじきを挟んで歩きにくい。西口登山路を利用して右岸の森林中を登る。何回かのジックザック。立山弥陀ヶ原の材木坂のような所が出て来て、せっかくひいて来たスキーは、どうやら使えそうもない。あるいは上の方で使えるかも知れないという、あてにならない希望もいくつかの階段状の坂に出会って消え失せてしまった。

ついに意を決して道ばたの一本の樹にスキーを結びつけた。ところがどうだ、その場所を過ぎるとあとは雪の斜面が次々に出て来る。スキーを残した場所が最終の階段坂だとは神ならぬ身の知る由もなかったのだ。雪質はそう悪くない。二、三日前の降雪がまだ柔らかい粒状で積っている。ささやかながらも手ごろな斜面が出て来るたびに、引き返してスキーを取って来ようとしたことといく回か。富士の雪は強い風の影響でウィンド・パックドされたものが多いが、新雪後の二、三日はスキーが使える。輪かんじきでボコボコやっているざまはあまり感心したものではないが、この偵察行の結果、本隊、少なくとも明日またここを登るはずの他の二人にスキー使用可能の快報をもたらせてやれると思うとせめてもの慰めになる。物事はすべてとりよう次第。

登るに従ってカラマツが多くなる。御中道大沢助室《おたすけむろ》は御中道がほぼ森林上限界を通っているからと思って見当をつけて登る。近いように見えてなかなか遠い。富士はスケールが大きく北アルプスなどに慣れた目には勘違いをやる。四時間の後、カラマツのまばらになった所に半ば雪に埋もれた助室の一角を見付けて元気づく。もし小舎を利用する場合には頂上突進に屈強の根拠地という報告は今日の斥候にとって鬼の首だ。だが付近に天幕を張る場所も物色しておく。出掛けが遅かったのと、途中写真を撮ったりしてゆっくり登ったので、もう陽は大分傾いている。キャンプに辿りつくまでに夜になろう。急いで下る。

下る途すがらところどころでルートの目印に布を樹皮に結わえる。案の定、途中で日は暮れたがツワイライトで電燈を取り出すのがおっくうだ。磧まで下る闇の中に燈火が一つ、「エッホー」と友の出迎えは有難かった。天幕は立派に張り直されて、しかも、一つ増えて四つになっている。これで数日はゆうゆうと駐屯できる。薪も枯木も集められて焚火は威勢がよい。すでに夕食も出来上っている。兎汁には喜んだ。この珍物は竹小舎の男から求めたと友の得意顔は朗らかだ。

どうした空模様か、おかしなものが降り出した。雪か雨か？　スキーを使いたい心は雪であってほしいがどうやら雨らしい。昨夜に比べると暖かい。南が吹くようだ。満腹して食堂天幕でのうのうとしかけたころからいよいよ本降り。せっかく集めた薪を濡らしてはことだと合羽をかけて、早くやんでくれるか、せめてスキーがやれるように雪になって欲しいと祈りつつ毛皮の睡眠袋にもぐり込む。林の中の幕営には風が防がれているが雨降りはたまらない。天幕を叩く雨滴がしげくなってどうやら漏り出したらしい。

干し物

十二月二十八日　雨後晴

雨はまだやまぬ。天幕の漏り方の何と非人情なこと。冬山に雨なんて夢想だにしていなかったので呆然としてしまった。羽毛入りの睡眠袋はベトベトに濡れて手がつけられぬ。バタバタ飛び出して服を濡らさぬのがましだとばかりまた寝込む。人間という奴は何かと理屈をこさえてはずぼらをきめ込むようにうまく出来ている。今度目を覚ますと、雨は既にやんで磧にパッと陽が当っている。干し物だ。干し物だ。毛の抜けるノロ鹿の睡眠袋やリュックサックのベトベトになったのを担いで磧の雪から露《あら》われた岩の上に並べる。そこらあたりをゴソゴソしているといつの間にか黄昏がタンネ*の陰にしのび寄っている。四人の心には、今日の雨が本隊の行動を阻止してはいないだろうか、という心配がたむろしている。でも夕食は十人前の用意をして、彼らが到着したらさぞ腹を空かしていようと、すぐ温かいものの出来る手はずをして待つ。

六時を過ぎて、今日は彼らは村泊りかと思って自分達だけの夕食の支度を整えていると、突然「エッホー」。やって来た。出迎えると、闇の中に数人が笹を分けながら登って来る。炊事係は大わらわ。林の中の天幕村はにわかに賑やかになる。雨が上っても路が悪いといって馬が

＊ ドイツ語の Tanne（樅の木）

来ないので荷物の一部とリーダーは明朝馬でやってくることにして五人が午後になってから出立して来たとのことだ。雨でどうなることかと案じたのに万事順調で皆は大躁《はしや》ぎ。今夜からは雪の食卓、立木を倒して鋸と鉈《なた》で荒削りした椅子。九人がラテルネの光にうれしそうな顔を照らしながら次々に出てくるゴシップに、せっかく口に入れた御馳走をすんでのことにふいにしかける。赤々と燃え上る焚火のかたわらに哄笑がおそくまで木立を揺るがす。

荷物運搬

十二月二十九日　晴

炊事係は四時前から準備している。今日は一昨日の偵察行で見て来た小舎に荷物の運搬だ。パッキングした食糧や頂上幕営で使用するキャンピング・クック*を背負って留守番一人を残して出発、昨日の雨で雪は硬くなったが表面だけのクラストで荷を背負った一行は輪かんじきをボコボコもぐらしている。天気は良い。登るに従って本栖湖や精進湖が氷結しているのが鈍い

* ガソリン燃料をもちいたキャンプ用コンロ

青色で視界に現われる。木立の間から南アルプスの連峰が新雪に輝いたすばらしい姿をのぞかせる。大沢の断崖を覗かせる、とある場所へ来ると「二次雪崩が出てくるぞ」と叫ぶ一人。皆が急いで集まってくる。すごい雪蛇の大沢を走った跡。一昨夜の雨で大きな雪崩が出たのだ。一昨日ここを覗いた時にはこの跡はなかったから。

一時過ぎ小舎に荷を下ろす。囲炉裏を利用してキャンプⅣのパッキングを解いて早速コーヒーを入れていると、「エッホー」と下からの声が風に送られて来る。だれかといぶかっていると昨夜は上井出村に泊っているはずの西堀隊長。早速馬を飛ばして、本隊のスキーその他の荷物をキャンプⅠに運ばせたのを見届けて、一人荷なのでキャンプに残してあったガソリンと食糧倉庫用天幕を背負って皆の跡を追って来たとの話しに皆あきれ顔だ。香り高いコーヒーに昼食用のツイバック（ミルク入りの堅パン）を噛り直して、暗くならぬうちにキャンプへ帰ろうと立ち上がる。今晩のキャンプⅠではオール・メンバーが揃った夕食。隊長が村から運んでくれた豊富な新しい野菜、鶏がもたらされていると聞いて皆ののどは一斉に変な音を出し始める。食後、隊長から明日の行動発表と共に在外の山友達の母君から託されたとて各人にお守りが渡される。明日は少々重いが頑張ってキャンプⅢと予定した御中道小舎へ全部前進することとなる。

――偵察行の結果、キャンプⅢは不要になり、しかもキャンプⅢは小舎使用と決定。先発隊は第四夜を、本隊は第二夜をそれぞれ割り当てられたる天幕のノロ鹿の袋に夢を結びかける。

キャンプ前進

十二月三十日　晴

キャンプ村立ち退きで忙しい朝だ。スキーは雪が悪くなってますます使えそうにもなくなったので、すでに上に運ばれたもの以外は竹伐り小舎に預けることにする。この仕事と天幕を畳んで上へ持ってくるのを後発隊が引き受けて他の者は雑品を自分のリュックサックに詰め込んだ。スキーは残してもスキー杖だけは頂上のキャンプVなどで天幕の支柱代わりに携行する。天気が良いでの八ヶ岳や南アルプス連峰が毎日のように目を楽しませてくれる。御中道小舎は拝殿がある。この前の年、焚火のためにがい経験をなめたので、拍手を打ってここも拝借することにする。荷物の整理をしていると後発隊も登って来た。小舎の前に吹き溜まった雪を溶かして作った水もこんな高い場所ではアクが少ないが、布で一度こすと雪水なんてことはわからなくなる。

高度は二千四百米、裾野はもとより遠く、参駿の平原を見下して、富士の中腹にわれらの小舎は位置している。小舎を一歩踏み出すと居並んだ南アルプスの北岳、赤石の銀嶺が静まった雲海の上に茜の光を満喫している。静まり返った黄昏の一刻。

登路決定

十二月三十一日　晴

休養の滞在を元旦に延ばして、今日はキャンプⅣ（キャンプの呼称はわれわれの最初からの計画によって呼び慣れているので番号が一つ違っているが、乞諒承、キャンプＶも同様）と予定しているところへキャンプⅣ及びＶの食糧や天幕装備品を運び揚げ、出来たらすでに天幕を張って置くことにする。隊長他三名は軽装して先発し、登路を偵察の予定。偵察隊は道々目印の赤旗や赤紐を樹皮や岩角に残しながら御中道を辿って少し北へ廻り、上井出の方で用いられている大沢と、その南北の二つの沢をあわせて三つの俣の名称の由来する大沢の北の沢に入りこれを利用して登る。右岸を攀じてカラマツの疎林の上限界辺りにキャンプ地を物色する。矮小なカラマツは半ば以上雪に埋もれている。雪が硬かったり軟らかかったりして、アイゼンを穿いているが歩きにくい。森林限界の上まで来たがキャンプに適当な所は見つからぬ。

三千米の、とある巨岩の蔭に屈強な場所を見出して、ここをキャンプⅣの建設場所と決め、携えて来た荷物を置く。遙か下の方で後からの人達がエッホーと声を挙げている。今日もよく晴れた日、プリズムを出して四人が代る代る南アルプスの山々に眸《ひとみ》を寄せて心ひかれる山々の話がなずむ。魔法瓶に詰めて来た紅茶や野菜スープがよく売れる。カラマツが影をひそめて雪の少ない熔岩の赤い砕屑の上になるとアイゼンは歩きにくい。加えて、靴をプロテクトした布はそろそろ底が破れてくる。登るにつれて大沢の断崖はますます凄さを加える。剣ヶ峰の直下の凄さは一流のものだ。頂線下約三百米の地点で登路もほぼ決定し、陽も傾いたので偵察隊は引き返す。キャンプⅣ予定地まで下ると天幕を張る大きな穴が雪の中に風を防いだ位置に掘り上っている。荷物は岩蔭の一隅に天幕を包んで安全になっている。明日一日小舎で休養している間に吹雪が来ればせっかく張ってもまたやり直さねばならぬことを慮《おもんぱか》って天幕は張らなかったらしい。

仕事を済まして帰って行く人達の姿が下方に見えるのでエッホーと呼ぶが、谷風に逆らって届かないらしい。四人は登って来た尾根を越して北沢に入る。この沢は途中に搦めば通れる滝になった段が二、三箇所あるが、御中道までは危険はない。傾斜の急なところに注意してアイゼンの牙歯を小気味よく表面の硬くなった雪につき立てて下る。途中で小高くなった雪のテラスに腰を下ろして、折から湧いて来た雲海を眺めながら、茜色に映えた雪渓の上に四つの影をいつまでも止めていた。OBはどうやら遙か家郷の妻子を思い浮かべて感傷に浸っているらしい。ああ一九三一年まさに暮れなんとする。国事多端なりし一年、アジアの風雲ただならざるとき、遊子の脳裡を去来するもは何、黎明を待つ心に幸あれ。

今日は大晦日、明日は元旦休養日というので小舎一杯に哄笑の渦が巻いている。年越そばがなくともお神酒が心ばかり、それでも十人の顔は晴れ晴れ。囲炉裏を囲んで除夜の鐘どころか、暁の鐘まで聞いてしまった。

元旦の休養

一月一日　晴後雪

ノロ鹿の睡眠袋から夢に御来迎を拝した連中が囲炉裏にバラバラに集まり出してちょうど五人。好都合と二回に分けて新年を祝う。重いのにわざわざ持って来た餅がやっと袋から取り出される。山の上とは思えぬ本格式のお正月。第二回目が揃ったのは元晨《げんしん》（朝）ではなくて午後になっていた。しかもいいぐさが振るっていた、「年始のお客を受けるので今日は一日中お膳を出しとくんだ」と、お屠蘇が無くなると寒さよけの自家用胃散（？）が掩護《ようご》してるから頑張れるのは無理もない。年始客もダブルベッドで新年御目出度う、旧年は繰り返すたびに赤面が濃度を増している。気の毒に自家用胃散がなくなったら後で胃病が起ったときどうするんだろうと人ごとながら心配する。

元旦にふさわしい静かな天気で夕方になって南の風で白いものをもたらしだした。それでも小舎のお蔭で皆なのんびりとお正月気分。夕食にはとって置きの牛肉塊が雪の中から掘り出されて各人の前に一片ずつビフテキとなって現われ、歓喜の叫声があがる。新年の夜はいとも平和に、富士中道の小舎に暮れて行く。外は粉雪、快い音楽をもたらして積る。

キャンプⅣへ

一月二日　雪後晴強風

昨夜のうちに積った雪に富士の景観は一変して、一夜にして見慣れぬ所へ運ばれた心地。だが朝になっても雪はやまぬ。この降雪中でキャンプⅣ予定地へ登ってもその建設がことだ。参謀部の評定が始まる。決定、待機。雪はやんだが風が変らぬのでまだ予測がつかぬ。十時、出発命令。挺身隊になる若手組のA班、挺身隊の掩護をするB班は各自の個人装備をリュックサックにつめて、C班は、A、Bの睡眠袋を引き受けて掩護。新雪で様子の変わった景色をバックに活動写真班の目覚ましい活躍。アクターになるのでよそ行きの顔をするもの二、三人。二時半過ぎ、キャンプ予定地に着く。目印の巨岩は新雪に粧《よそ》われて真白だが、この岩のお蔭で南風を防いで天幕の穴はほぼ完全。全員の手で二個の天幕が雪の中に張られる。

四時を過ぎたころ、A、Bを無事掩護してC班は再び小舎へ帰って行く。このキャンプは丁度本栖湖と精進湖を見下ろす好位置にあり、南アルプス連峰と八ヶ岳の間に北アルプスの連峰の遠望をほしいままにする豪奢なキャンプだ。巨岩が風を防いで、雪の中に掘り込んで張った天幕は暖かい。二つの天幕はオプティマス*が雪を一杯に充たした鍋の下で唸りを挙げている。天幕の一方を少し開けておくと石油の臭いもそう苦にならぬ。オートミールの夕食に軀も

* キャンピング・クックの商標のひとつと思われる

暖まったので、寝る仕度をする。狭い天幕の中で嵩《かさ》張る毛皮の袋に入り込むのは中々の苦労だ。

頂上へ

一月三日　晴強風

いよいよ今日は挺身隊が頂上のキャンプへ前進する日だ。目を覚ますと幸い風は凪《な》いでいる。天幕から頭を出すと変な影に面喰らう。影富士だ。暁の光に輝いた裾野の上に巨大な円錐形の投影。その頂点は南アルプスの塩見岳に当っている。見ていると影富士は段々と縮まって、頂点は次第に寄って来る。

「影富士、影富士」の声にいつもなら飯の出来上がるころまで朝寝する連中までが、窮屈な睡眠袋からす早く起き出して来る。天幕の外へ出ると、影富士の頂点は本栖湖に寄っていたが、この珍しい景観も片付けものをするうちにどこかへ消えてしまった。A班は装備を携えて早速出発。B班はA班の掩護にキャンプVの荷物を携えて少し遅れて出発。溶岩の山肌は新雪に蔽《おお》われてかえって歩きやすい。

新雪に粧われた大沢の断崖は一段と鋭い様子を見せている。頂上剣ヶ峰直下の大沢断崖などはちょっと手の出せないたたずまいだ。頂線近くのアイゼンの牙歯が立たないような堅い蒼氷には相当悩まされる。二時三十分。三人の姿は頂線を越えて西賽の磧へ。磧は一面深い雪に蔽われて白一色。付近でキャンプ地を物色するが適当な所が見当らぬ。比較的風の当らないところがあるが、雪が浅いから天幕を雪の中に掘り込むことが出来ぬ。風が変われば雪上にまる出しにした天幕は吹き飛ばされるのが必定。ついに頂線寄りの東斜面の雪中に穴を掘る。雪が浅くてすぐ石が出てくる。天幕を半分かくす程度の穴より出来ない。雪が硬くて天幕一つ分を掘るのに三人で一時間かかる。穴がほぼ出来上った頃、掩護隊到着。風が出だした。掩護に来た人達三人はまたキャンプⅣへ帰らねばならぬ。

天幕もまだ張れない際で、骨折りの多い掩護運搬をやってくれた彼らに温かい物を拵《こしら》える隙《ひま》もなく、荒れ模様になった天候を心配しながら急いでキャンプⅣへ帰ってもらう。天幕が無事に張れて、キャンピング・クックからガソリンの青い炎が燃え出しても、三人の心には掩護隊の人達が無事キャンプに帰りついたかどうかの心配が暗い根を張って重苦しい気分が去らなかった。雪を溶かして圧力鍋で米を炊く。ここでの雪を溶かした水は溶岩屑は多いが森林帯の所と違ってアクのないのが有り難い。圧力鍋のお蔭で気圧は低くても飯は上出来。

風が段々強くなって来たのは心もとないが、キャンプI建設以来九日目に無事頂上キャンプを張った悦びに浸る。

この日C班は小舎からキャンプⅣへ往復して、挺身隊を掩護して頂上から晩く帰って来るB班の掩護に当った。

この夜はキャンプV、キャンプⅣ、御中道小舎の三箇所に各三人あて（一人は二日に下山）分れて泊りいよいよ正規の形勢になる。

お鉢廻り

一月四日　晴　強風

天気は相変わらず快晴だが風が強い。風が吹き寄せた粉雪が溜って天幕が圧しつぶされそうになっていて除雪作業に一苦労。雪を溶かしての炊事は中々時間のかかるものだ。十一時過ぎ、風の少し凪いだ様子を見て、風に対するプロテクトを十分にしてお鉢廻りに出掛ける。活動写真機を持って行く。烈風の時は三人がアンザイレンしていて吹き飛ばされそうになる。金明水の建物は半ば雪に埋まっている。測候所はお正月で下へ下ったのかだれもいない。マグロの刺身と物々交換しようという虫のよい計画はおじゃんになった。半ば雪に埋まった浅間神社の建物の蔭でフィルムを入れ換えたり、携えて来たツイバックを魔法瓶のコーヒーで胃の腑へ流し込んだりしてしばらく休憩。烈風の中を劔ヶ岳、三七七六米の絶頂へ。

一時半過ぎ、無事お鉢廻りを済まして我等のキャンプへ到着。だが無残。留守中に風のために天幕の一部が破れている。一休みする間もなく天幕の破れの修理をしたり、今日上って来るB班のために隣接しても一つの天幕穴を掘っているとコルから「エッホー」と叫んで二つの人影が天幕を目懸けて下りて来る。この烈しい風の中をよくもやって来たものだと感心する。

昨夜は三人でいささか淋しかったが今夜は五人で富士頂上のキャンプも賑やかだ。風を避けるために天幕を斜面と平行にしたので天井の低い二つの天幕の中にノロ鹿の睡眠袋三個、羽毛入り二個を展べると恐ろしく狭いものになるが、しかし内部はそう寒くない。

＊　人と人をザイルで結びあうこと

雪中露営

一月五日　快晴無風

今日はまた何という上天気だ、煙草のけむりが直上するという静けさ。A班の二人は朝早くから仕度してキャンプⅣへ下って行く。この二人と交替してキャンプⅣからC班が上って来るのだ。十時ごろすばらしい上天気に恵まれてB班の二人はお鉢廻りに出掛ける。留守番に残った一人は天幕の張り直しや、天幕内の整理をする。風の無い上天気にお鉢の内はまるで五月の山のような和やかな様子をしている。噴火口を隔てて「エッホー」が絶えず交換されている。お鉢廻りも昼過ぎに帰って来て、のどかな頂上のひと刻。やがてコルに二つの異様な姿が現れる。頂上は強風があると思っての物々しいC班の装束。天幕へは寄らずに頂線伝いに剣ヶ峰を踏んで来たC班がキャンプⅤに到着して全計画が順調に進んだ。朗らかな五つの顔が天幕内に並んで、晩くまで歌声が響いていたが、さぞ山神木花咲耶姫《このはなさくやひめ》のやすらかな眠りを妨げたことだろう。今夜は二人は露天で睡眠袋一つを頼みにして寝ることになって、陽のあるうちに掘った雪穴にそれぞれ毛皮と羽毛入りの睡眠袋をかかえて天幕外に出て行く。満天の星月夜。

キャンプ撤収

一月六日　晴

露営した二人は上機嫌で天幕の上方と下方の穴から顔をあげて旭光の中に元気な顔を輝かしていた。お蔭で天幕の中では、昨夜は大の字になって寝たようだ。

計画は上々首尾で予定通り好都合に遂行された。頂上のキャンプにはまだ数日の食糧があり燃料のガソリンも余っている。だが昨日の天気はあまり良すぎてちょっと気味が悪い。果して今日はどうやら少し怪しい気配。評定の結果、綽々《しゃくしゃく》たる余裕のある時こそキャンプの撤収の好機と決定。キャンプを整理して畳み、持ち帰るものと捨てるもののより分けをすませ、最後の豪勢な富士頂上の饗宴を張る。屑物一切をひとまとめにしガソリンをかけて焼却。

頂上に天幕を張って四日目の正午、思い出の多かったキャンプⅤを撤収してキャンプⅣへ。キャンプⅣを撤収するとの命令を受けてここで頂上掩護隊に詰めていた三人は大わらわになって天幕の整理。長閑な午下り。いよいよキャンプⅣも撤収して御中道の小舎へ。

これで今度の富士山行きもいささかの故障もなく遂行された。小舎への帰途、雪渓で一人が滑ったが幸い軽傷で大事に至らなかった。

甲南高等学校山岳部　部内雑誌　Ｖｏｌ．Ⅷ－１（一九三七年）所載

滞印日記抄

伊藤　愿

一九三六（昭和十一）年、ＡＡＣＫ*（京都大学学士山岳会）がＫ２の登山許可をとるために、伊藤愿さん（以下敬称略）をインドに派遣したことは、我が国の登山史にも登場し、ヒマラヤン・ジャーナルにも掲載されているほど、対外的に大きな動きである。しかし伊藤の現地からの報告、帰国後の検討会など、全く知られていない。戦後の旅行部ルームの火事で資料が焼失したこときいているが、返す返すも残念である。

この滞印日記抄は、このときの伊藤の日記であり、甲南高校山岳部部内雑誌に寄稿された貴重な記録である。本文にあるように、伊藤は交渉の余暇にダージリン県を旅行し、このときエベレストをはじめヒマラヤン・ジャイアンツを望見している。おそらくＡＡＣＫではじめてヒマラヤン・ジャイアンツを見た人ではなかろうか。一九五一年、ＡＡＣＫの西堀榮三郎が、ネパールに登山許可の交渉にいかれたとき、機上からヒマラヤを見て、長年思い焦がれていたヒマラヤに接して、泣けて泣けてと述懐しておられる。ＡＡＣＫの夢、ヒマラヤは先輩諸氏にとって、それほどの思いが込められていたものであった。

（平井一正　記）

＊ Academic Alpine Club of Kyoto

1. シムラ

九月十九日　夜汽車でカルカッタ発シムラへ。もうカルカッタへ上陸して以来、約一ヶ月になる。カルカッタに着いて一週間目に、ここの日本人クラブの若手組有志数人が、タゴールの有名な林間学校サルナートの大学に一泊旅行に出かけるのに加えてもらって、初の印度内地の旅は経験ずみだし、二週間目には千田商会の加藤さんに連れられてベナレスまでインターミディエイト（特三等――印度の汽車は一、二、三等の他に、二、三等の間にこのインターというのがある。日本人は英国人と同様に一、二等に乗る習慣になっている。よほど印度馴れた人が何かの都合で時たまインターに乗るが、それも長旅のときは寝台車というのがないので、やっぱり一、二等）に乗ってきたので、相当印度の汽車ずれがしてしまった。元来人間というものは、一ヶ月もそこに住んでそこの空気を呼吸していると、まるで風俗習慣の違った土地にでも、さすがにまだ土地っこらしくとはゆかぬまでも、赤ゲット式のヘマや、やっ

シムラ（1936 年 9 月 26 日撮影）

て来たての旅人みたいにあわてたりは、あまりなくなる。だが今日は一つあわてた。シムラまでの切符が片道六十ルピー何がし、日本円に換算すると約八十円だ。すこしあわてざるを得ない。もっともカルカッタ、シムラ間は二〇〇〇キロ以上もあるんだし、二等で急行料、寝台も含まれていることを思えば、無理はないかもしれない。往復を買うと複券は約半分になるので、だいぶ経済につく。それでも往復合計九十何ルピー。

九月二三日　正午シムラの **Hill Station** に着く。二一〇〇メートルの高地だけあって空気は爽やかだ。日印会商代表部は満員で、シムラＹＭＣＡに宿をとる。かねてシムラは空気が希薄で、行ってすぐテニスをやると心臓をいためるとか何とかきいていたのだが、このＹＭＣＡで四階の部屋へ一気に駆け上がると、息がきれる感じがする。今日は山は見えない。日中は雲があがって、あたりをかくしてしまう。山は朝の内だけしか見えないのだ。

九月二四日　シムラは避暑地だけあってさすがに涼しい。夜は寒くて、印度の汽車旅行用の寝具だけで毛布は用意して来ていないものだから、寒さのため、夜目がさめて閉口した。事務所に毛布二枚借用を申し込む。午前中シムラの町はずれ、シャコーという山の裾についている道を歩いて来る。**Dhauladhar Range** の山々が北に並んで、その向こうに **Pirpanjal Range**

が聳えている。雪か氷を頂いて白い。高そうなのは、グレートヒマラヤ山脈の中の山かもしれない。午前十一時、参謀本部にヒマラヤン・クラブ名誉秘書ゲッターボック少佐を訪問。

九月二五日　六時前に起きて、シャコー山（二四一六メートル）に登る。シムラの町が二一〇〇メートル前後だから、シャコー山といっても三〇〇メートル登るだけだ。杉、からまつの中に大きな道がある。頂上にはお寺があって、この周辺には実に猿が多く、人が行くとポケットに手をつっこんで、食べ物なら持って逃げるとか言われているほどで、この寺はmonkey templeと称されている。なるほど何百匹の猿が群がっている。捕獲しないので、人の傍まで来て、ずうずうしく何か食べ物でもかっぱらおうというような格好で待ちかまえている。

持っていったパノラマ図と比較して、プリズムで山を捜す。四五〇〇メートルくらいのは無慮三、四十、六〇〇〇メートル前後となると二十位、一目に入るから豪勢な眺めだ。ただ距離が八〇キロ以上もあるために山がみんな小さくなって、一つ一つではそう立派とは思えない。グレート・ヒマラヤン・レンジの六三〇〇メートルくらいなのが、視界に入る内の一番高いのであったが、残念ながら一六〇キロ以上も離れて見ているので、迫力が少ない。しかし生まれてはじめて、ヒマラヤの無名峰にしろ、眺め得たときはうれしさを禁じ得なかった。どれがその山であるかとプリズムを照準している間、思わず息をつめて一生懸命になっていた。この男、どうもこのヒマラヤのために、あるいは一生苦労するのかと思えば、我ながら考えさせられた。

午後九時半から、商工、労働大臣サー・フランク・ノイスの家で、フィッサー博士(Dr. Visser)がカラコラムの講演をするので来ないかという招待を受けていた。総領事館の柿坪外交官補が斡旋して出席できるように取りはからってくれ、同氏も一緒に行く。講演ひとつ聞きに行くのに、わざわざタキシードに着替えるなんて、英国人という奴はやっかいな習慣を持っている国民だ。サー・フランク・ノイス夫妻にお礼をのべて、末席に座る。地図を持参していったのは、さすがに自分ひとりだけだった。フィッサー氏は少々軽口とみえて、幻燈いりで講演しているとき、K２の写真が出たので、口をすべらしてしまった（京大の計画を）。おかげで講演後、サパーが出てから、いろんな人たち、とくにサーベイ・オブ・インディア*のベテランみたいなご老人にとりかこまれたのは閉口した。これらをうまく切り抜けて皆納得してくれた

* 有名な英国のインド測量局

ようだった。

九月二七日　フィッサー氏の宅の昼飯に招待された。一九三四年のエベレスト・クライマーであるバーニー大尉も相客で、たいへん有益な収穫があった。時期の問題、雪質、雪崩、モンスーンなどについて語り、それからバーニー大尉の経験談、高度はやはり七二〇〇メートル以上ではじめてヒマラヤン・ゾーンの影響が現れてくる点などをきく。話しているうちにわかったことだが、この人たちだけではなく、カルカッタで会った人たちの話から考えても、日本人というのは山の本もよく読んでいるということだった。

九月二八日　総領事を通じて印度外務省に願書を提出。（一週間後に先例によってやっぱり日本の外務省から英国大使館を経由して印度に届く様、手続きをせよとのことだったが）

九月二九日　印度の外務次官が面会するからとのことで、午後印度外務省に行く。

九月三十日　ヒマラヤン・クラブのゲッターボック少佐を参謀本部に訪問して、手続きの経過を話して、お礼と今後の尽力を依頼してくる。

2. ダージリン

十一月七日　二、三日前から買い集めた食料品やなんかの山行きの荷物は、すっかり正金（銀行）の社宅に運び込んで、もう荷作りもできている。夕方ＹＭＣＡを出て、日本飯をご馳走になりに行く。さすが常夏の印度だけあって、カルカッタの十一月なんて、日本の真夏の暑さだ。夕方になっても日中の名残りで、なかなか暑い。ズボンだけはやっとフランネルをはいたものの、ダージリンでずっと着なくてはならない冬の上着は、暑くてどうしても着るわけにはゆかぬ。社宅まで夏服を着ていく。

カルカッタの東北シアルダー停車場を、八時過ぎに出るダージリン・メイル・トレインに乗る。大きな荷物が四、五ケ、車中一杯になる。相客だった印度人ひとりが二つ三つ先の駅で下車した後は、同行の斎藤氏と一つの二等車にただ二人きりだ。もともと予約しておいたんだし、途中から乗り込む奴もあるまいというわけで、窓や入口の扉すっかり鍵をおろして、寝具を並べて寝てしまう。印度の汽車は別に寝台車という奴はないが、各車両が寝台になるようになっている。夜汽車だったら一箱に一等は二人、二等は五人で満員だ。たった二人で一箱占領するんだから、汽車賃の高いのは当然かもしれん。

十一月八日　冷え冷えする空気を感じて目をさます。六時頃、窓をあけて頭を突き出す途端、一瞬さっと目に入った真っ白いものがあった。汽車がすぐシリグリ駅に入ったので、見極める隙がなかったが、まさに〝The Snow〟カンチェンジュンガ山塊だった。シリグリからダージリンまでは登山鉄道に乗り換え、八〇キロほどに六時間かかる。自動車は三時間で行く。一台十五ルピーという。印度のお祭りプージャの後で、車数も多く、なかなか立派なのもいる。なるべく上等のを捜して乗り込む。上高地行きのガタフォードでお尻が痛くなったり、足がしびれたことをちょっと思い出す。だがダージリンまでの道路は実に良い。結構険しい所を立派な道路をつけ、大部分ペーブしてあるから、すばらしいドライブウェーだ。途中にクルンヨンという駅がある。我々が着いたのは八時頃、ここで朝食をとる。平地シリグリ駅のごみごみした食堂に比べて、どれくらい気持ちよかったかしれない。クルンヨン駅はすでに海抜一四四〇メートルの高さである。ここでタイガーヒルやセンチヤールの尾根を越して、いよいよカンチェンジュンガ山塊が見える側に入る。

グームの町をはずれるや否や、真北に当たってすばらしい景観が浮かび上がってきた。朝霧の上に東半面に朝日をあてて、山ひだをくっきりと示したカンチェンジュンガの偉容は美し

ダージリンよりカンチェンジュンガを望む

い限りだった。冷たい空気がひたひたと押し迫ってきて、体がすっかり冷え切った頃、ダージリンのエベレスト・ホテルの客となる。

さて困ったことが一つ。シッキム入国のパスがどうしても貰えぬらしい。〝Tour in Sikkim〟という本によって、十五日以内のシッキム通過なら、ダージリンの**Deputy Commissioner**がパスを発行してくれると教えられて、あらかじめ手紙を出して頼んでおいたのだが、エベレスト・ホテル宛にきているこの**Deputy Commissioner**からの返事は、がっかりさせるものだった。「貴殿等ふたりはどうやら英国人ではないようだから、もしそうなら、総領事を通して正式の出願をして頂きたい」という趣旨の手紙だった。そのうちに、かねて手紙で人夫を頼んでおいた人夫組合の親方、パウル*という男がやって来る。シッキムへ入れなかっ

＊ Karma Paul　初期のヒマラヤ遠征に必ず同行したインド人通訳

たら、ダージリン県の内だけでも歩いてくるということにして、人夫を七人、コックを一人雇う。人夫は荷を持たせて今日先発させる。人夫賃の内、前金を渡しておく。

今日は日曜で、コミッショナーの役所も休み。バンガロー・パスも明日でないと入手できない。今日はバザーやパノラマ台に行って、ダージリン見物。

十一月九日　朝 Deputy Commissioner に会いに行く。日本人だと正式のシッキム入国手続きがいるし、その許可はコミッショナーではなくて、シッキムのポリティカル・オフィサー（英国人）の権限だということが分かった。そしてそのポリティカル・オフィサーはいまチベットのラッサにいるという話。ラッサとは遠いところにいるんだと思ったが、官用急報で電報を打てば、二時間くらいで返事がもらえるらしい。しかし正式手続きをするには、日本領事館でも何日かかかりそうだし、そんなことをしていると、斎藤氏の休暇十日間、日曜や休日をいれての二週間がなくなってしまう。折角計画したシッキム入り、あわよくばゼムウ氷河の入り口まで行って見てこようというプランを、放棄しなければならなくなった。

3. ファルートへの山旅

結局、ダージリン県だけを歩いて、先年田口一郎君が行ったファルート（Phalut）までのコースの他に良いルートがない。結局これにすることにきめて、自動車でシマナペスティまで行く。例のパウルは、自動車に同乗してここまでついてくる。この男、エベレスト・エキスペディションの通訳で、いろいろとよく世話をするが、やることがどうもインチキくさくて、金を目あてにやっているところが見え透いて、どうも不愉快。印度人のしょっ中あるタイプの男。

ダージリンからシマナペスティまでは二三キロあるので、自動車を使わなかったら、一日たっぷりの距離だ。シマナペスティは、高度二二五〇メートル、そこから三〇〇メートルほど谷へ下りなければならぬ。一番低いところはマニバンジャンという。ここからトングルー（四五〇〇メートル）まで上がり一方だから、体がなれていない初日にはすこし辛い。

この日歩いた行程一三キロ。ダージリンからは三五キロだ。トングルーのバンガローについたのは午後四時頃。立派な小屋だ。壁の厚い堂々たる平屋建ての一棟。炊事場、番人の家は別棟になっている。寝台の入った寝室にも食堂でもファイア・ピースが拵《こしら》えてある。唐檜《とうひ》らしい薪がくべられて、赤々と火が燃えている。炊事はコックがいるのだし、寝台の整理も人夫たちが心得て、一切やってくれる。郷に入っては郷に従えで、なまじサーブたちが手を下そうものなら、軽蔑されるくらいなものだ。持ってきた米を炊かそうと思って、コックを呼んで聞いてみると、日本式ではなくて、印度式の、煮えたら湯を捨ててしまうやり方より知らない。それで米をとがして、水を入れた飯盒を持ってこさせて、食堂のファイア・ピースで自分で炊いてみた。すると翌日、人夫たちが僕を呼ぶ称呼が、昨日と違っている。考えてみると、この飯盒の一件が原因だと判って、苦笑を禁じ得なかった。

トングルーバンガローにて（1936年11月10日撮影）

十一月十日　朝しばらく晴れて、東北にチベットの山が朝日をうけた姿をみせていたが、直に雲があがって隠れてしまった。小屋番（チョキダール）に小屋使用証（パスーこのバンガローパスはダージリンでもらってきたもので、一人一泊の使用料は三・五ルピー、日本円にして約五円、これはダージリンで前払いしてある）を渡すと、小屋帳を持ってきた。使用者の名前、パスの番号、小屋番へ支払った雑費（薪代とチップ）を記入することになっている。薪代一日分で八アンナとかで馬鹿にやすい。二部屋と炊事場とで相当に使っているはずだのにと考え、チップを少しはずんで置く。小屋番の奴ひどくよろこんでいる。

今日のコースの最初は、シンガレラ山脈が東西に延びているところで、道は大部分頂線の南側を辿っているし、雲が上がっていてカンチェンジュンガの方は見えない。深い森林の間を通っているときは、日本の中国山脈あたりを歩いている感じ。ときには夏の伊吹山の山腹を思わす。途中でネパールから来る土地の連中に行き会う。シンガレラ山脈を隔てた南と北との村落の者たちが交通するらしい。背の竹かごに山芋みたいなものを十五貫も二十貫もいれて、裸足で山路を駆け歩いている。

カリポクリという海抜二九七〇メートルのところ、山脈の頂線に沿ったところに池がある。池の上手の手ごろなところに腰を下ろすと、お昼弁当のサンドイッチをアンチェリン36*が持ってくる。小さいリンゴが一ヶ宛と紅茶が出る。みんな人夫が持ってきたので、サーブ達は写真機と自分の必要品を少しばかり、リュックにいれているだけだ。アンチェリンが「ドウドウ(乳)

* **Ang Tsering I**　エベレスト、ナンガパルバットなど数々の遠征隊に参加した有名なシェルパ（別名タギ・パブ）。数字はシェルパ登録番号

はいらんか」と尋ねる。思いがけない代物に「欲しい」というと、飛ぶようにして村の方に駆けて行った。大きな陶器のジョッキになみなみと山羊の乳を持ってきた。三合程もある。斎藤君と二人で、こんなうまい乳はなかったといつまでも話し合ったことだった。あまりうまいので、もう一回所望したら、コックがやってきて、水筒一杯につめてサンダクプウの小屋まで持っていくという。ありがたい。

サンダクプウのバンガローは、出火で最近焼けて、目下建築中。木造の仮小屋ができている。仮小屋といっても日本の山小屋より立派で、建築中の小屋は鉄筋だ。大勢の人が寒い風の中で、毛布をかむりながら、セメント塗りをしていた。

このサンダクプウは、エベレストがよく見える場所なんだが、ちょうど夜のとばりが下りかけたところで、霧がたれこめて、僅かマカルーの一部らしいのが見えるだけ。明日の朝が楽しみだ。

仮小屋だけあって煙突がないので、薪が燃やせぬ。小屋番がブリキ製の七輪みたいなものに、炭を赤くしてもってきて、これで勘弁してくれという。こんなものでは寒くてやりきれぬが仕方がない。相当着込んでいても、小屋が相当風通しの良いところに建っており、なにしろ三六〇〇メートルの高さだ。寒いのは当然だ。鶏が小屋の傍で遊んでいるのを見つけて、コックに「鶏が食いたい」と言いつけておいた。三六〇〇メートルの山小屋で、羊肉は臭いなんて贅沢なことを言うのは誰だ。

寒いから腹ごしらえをしたら、サッサとベッドへ延べてあるシュラーフザックにもぐりこむ。

十一月十一日　エベレストを見たさに早くから目をさましたが、まだ陽は出ていない。シュラーフザックから出した顔が冷え冷えとする。

窓から覗ける空に朝日が映えるや否や起きあがる。西側のガラス窓をのぞく。焦る気持ちをおさえて捜そうと目を走らせた瞬間、見つかった。真ん中にエベレスト、右にすぐマカルー、左にチョーオユー、三つが重なるようにして並んでいる。すばらしい眺めだ。世界最高峰を中心にして第五高峰、第六高峰がならんでいる。食いつくようにして見入る。それにまた目をすこし右に転ずると、特徴のあるジャヌーから続いて、カンチェンジュンガ世界の第三高峰がそびえている。上着を着込んで外に飛び出す。風は身を切るように寒い。小屋の後の小高いところに上がって、むさぼるようにしてこの景観を凝視する。まるでどういうようにしたら心ゆくまで眺められるかと――ちょうど子供がお菓子の山を前にして、さてどれから食べたらよいかと戸惑いしているように。

天気は実によい。今日はこれは動くにはもったいなさすぎる。どうだこの小屋で一日滞在しては。小屋はあまり居心地は良くないが、これだけすばらしい景色は又とあるものではないからと、二人は異議なく滞在と腹をきめてしまった。朝食をすませて、人夫たちに滞在を申し渡し、小屋の前の丘で風も凪いだし、太陽のあたったところで、地図やTour in Sikkimをひろげ、プリズムを覗いたり、写真をとったりしてトカゲをきめこむ。実に気持ちの良い、静かな何時間、いつの間にか眠っていた。ヒマラヤン・ドリーム。

人夫頭（サーダー）兼料理人が我々を起こしにきた。下から役人たちがあがってくるから、我々はこの小屋に今夜泊まれないと注進にきた。たとえバンガローのパスを持っていても、印度の役人が公用で来た場合は、このパスは無とになっている。しかも我々のパスは、このバンガローの昨夜一泊だけので、今日はパスなしで、どうも旗色は悪い。時計をみると十一時だ。遅いが仕方ない、出発する。どうも人夫たちが滞在を申し渡したとき、あまりうれしそうにしなかった理由が読めた。彼らは早くやってきた人の誰かからか、役人らしい一行が後からやってくると聞いていたのだ。ダブル・マーチのつもりなら二一キロこれから行けぬことはない。

おまけに今日のコースはほとんどが水平道路だ。出発ときまると、人夫たちは驚くべき早さで、何かうれしそうに手早く準備を整えて、どんどん出掛けていく。出発を待っていたようだ。ちょうど燕岳から西岳への道にうっそうたる森林を配したような感じ。遠見の尾根のような森林帯に、立派な広い道ができて、馬で通ったら実に愉快だろうと思われる。今日は朝が素晴らしい天気だったおかげで、午後は曇り、そのかわり、涼しくて歩いていても汗ばみもしない。ファルートのバンガローについたのは六時頃。

これも実に堂々としたバンガローだ。ベッド二つ宛入った寝室が二つに、食堂が一つ、その外側はサンルーム式の廊下がついて、しっかりガラス窓がはまっている。

小屋番が顔をしかめて何か云おうとするが、声が出ない、食事をすませた頃、やってきて「薬がほしい」という。どうりで声が出ない筈。咽喉炎か扁桃腺だ。べつに薬を持参していないが、ライオンの粉歯磨と食塩で、うがい薬を作ってやる。斎藤君が食卓の上に飾っているウイスキー瓶が気になるらしいから、アスピリンを飲ますときに、コップの水に二、三滴たらして与えると大喜び。喉が悪くてアスピリンをのむのに、ウイスキーをたらしてのむなんて無茶な話だが、斎藤君が安心させるためと主張したのだ。これで治るというのだから、病人といい、医者といい、相当なものだ。

小屋についたとき鶏があそんでいたが、料理人が気を利かせたとみえて、ちゃんとスープになって食卓に現れた。だが昨夜のスープとの味とは大分劣る。

十一月十二日　霧がたちこめて、外は乳色だ。滞在にきめる。

夕方だった。厄介なことが起きた。昨日サンダクプウで、我々を追い出した役人の一行というのが、いよいよやってきた。外は天候が悪い。こんな時間、こんな天候では他のバンガローに移ることもできない。どうにかなるだろうという気持ち。印度人（ベンガリー）らしい三人が十人ばかりの人夫をつれてやってきた。ベッドは此のバンガローに四つよりない。向う様は一体どういう資格できているのか、果たして印度政府の役の公用旅行か、みきわめるまでは、軽々しく譲歩してはひどい目にあうのでがんばっている。荷物の整理にひとしきりざわついた後、お互いに食堂の炉辺で会話をかわす。一人だけはI・C・Sで立派なお役人、あとのふたりは兄弟と友人らしい。向う様はこのバンガローの全部を使用できるパスをもっているらしい。結局話している間に妥協がついた。向こうの室はベッドが二つだから食事後、食堂のテーブルを使用して、寝台に代用するとのこと、おかげでこの嵐の中へ追い出されることを免れた。この交渉がうまくいったのには、小屋番の我々に対する態度が大分きいているのだ。小屋番は昨日、あやしげな薬を与えられて以来、我々に対しては最大の敬意を払って、何かの度には直立不動の姿勢で挙手の礼をし、態度甚だ鄭重。今朝は少し声が出だしたので、大喜びで、何か感謝の意を表したいとしきりに立ち働いている。幾分でも戸外が見えるようにと窓ガラスはすっかり拭いてくれるし、ひどく待遇がよい。この小屋番、いまやってきた印度人のお役人に対しては、素っ気ない態度をし、我々に対しては、右のように恭しい態度をとるものだから、全バンガローの使用権をもっているこの連中も、公用とは表面上、我々の正体がわからないものだから、不利な妥協で甘んじていたわけだ。そうでなかったら印度人がこんな生やさしいことで折れ合うはずがない。

大体バンガローは先着順でも、二十四時間たつと、後から着た人に譲らねばならぬ。この場合、我々はまったくパスなしだったのだから、正式に切り口上で応対していたら、こっちの負けだったのだ。

十一月十三日　シュラーフザックから頭を出すと、夜はもう明けているらしい。起きあがって服をきていると「ヒマッチャール、ヒマッチャール」と小屋番の声がきこえる。昨日の朝と違って今朝は爽やかな空気が感じられる。斎藤君と二人でバンガローを飛び出す。バンガローはファルートの山頂から少し下りた山腹にあるので、丁度ヒマラヤ連峰の反対側になっている。すこし山腹をあがると見える。まるで目を射るようにカンチェンジュンガ山塊が大きく蒼穹《そうきゅう》に浮かび上がって、雄大な山容をみせている。すぐそこにあるように見えるが、ここからの直線距離五六キロ。中間には視界をさえぎる何物もない。この景観を右に見ながら、どんどん山頂へ駆け上がる。エベレストが見たいのだ。ファルートの頂上というのは、約三六〇〇メートルあるが、六甲の頂線に居るくらいの感じよりしない。広い平になっていて、その真ん中に石を積み重ねた小高いところがある。木の枝に白い布や紙を結んで何か加持をしたあとが残っている。この場所が印度、ネパール、シッキム三国の国境が合するところだ。

遙か西の方に見覚えのある山が三つ、ちょうど朝日をうけて頂上からだんだん陽が当たりだした。エベレストだ。下の方は雲海に閉ざされて、ただこの三つだけがポッカリ島のように浮び出ている。思ったよりも小さい。そのはずだ。ここからでも直線にして一三七キロは離れている。寒さも何もかも忘れてこの景観をむさぼるように眺める。三十分、一時間、なかなか去りがたい。陽は高く昇った。昨夜の印度の役人たちもやってきた。こっちの使っている地図を借りたり、山の名を尋ねたり、まるでこっちの方が、土地の者のように説明してやる。

ファルートの上はさすがに寒い。草は黄色く枯れ、霜を結んで、あたりの石には露が氷華をつけている。一日滞在した甲斐はあったとつくづくこの美しい景色に見とれる。宿望を果したような気持ちで小屋に帰ってきた。

これから同じ道を引き戻さずに谷をおりて、ネパリーの村落を通って帰ろうというわけ。ファルートのバンガロー・パスは、同じ日の申しこみをあらかじめ他人に取られていたので、ひとり一泊七ルピー宛、小屋帳に記入して、よく働いてくれた小屋番には三十ルピー渡す。この他に薪代若干。実に愉快に過ごした。

もうエベレストは隠れてしまったが、カンチェンジュンガはまだ目の前に聳えている。小屋の前からすぐ下に延びている尾根を辿る。小屋番がいつまでも、いつまでも挙手の礼で我々を見送っていた。

途中で英人の、この地方の役人らしい人がその夫人と馬に乗って登ってくるのに出会う。二十人くらいの人夫をつれた大部隊。ラマンという我々が今日宿泊予定地のバンガローに着いてからわかったことだが、この英人一行が、バンガローに荷物をおいて鍵を下ろして行ったとかで、小屋番はいるが、バンガローは使えない。やむなく一一キロほど先のシリ・チュの営林署小屋へ行く。人夫たちは少しぶつぶつ言っていたようだが、料理人がうまくなだめて引率して行く。

シリ・チュ（チュは河の意）に着いたのはもう黄昏時だった。バンガローというのは、河の横に建っていて、造林の見まわり小屋だ。普通の人はこんなところへめったに来ないし、泊らないらしい。小屋帳を見ても一年に二、三人より泊っていない。小さな小屋だが、ちょうど寝台は二つあるし、手ごろな小屋だ。

ちょうど夕食をとろうとする時だった。付近で喧しく人声が、暗闇の中に松明の火らしいものが多く見える。何事が起こったかと緊張する。やがて現れた人夫の中に、今朝ファルートの小屋で別れて、サンタクプウの方へ引き返して帰っていったはずの、例の印度人の三人がいる。驚いてどうしたのかときくと、道に迷ってここに来たのだという。サンタクプウとファルートの間のこんな分かり易い、ほとんど一本道みたいな、しかも山脈の上をのみたどっている道を迷って、しかも谷間に下りてくるなんて呆れてしまった。とりあえず茶を沸かさせて、紅茶とチョコレートをふるまってやる。三人ともすっかり疲れ果てている様だ。人夫たちも相当へばっているらしい。この部屋はせまいが、君たちさえかまわなければ此処で泊まっていったらどうかと云ったが、いや此処は僅かベッド二つしかないんだし、次に行くといって、暫く休憩して、八キロほど先のリムビッグのバンガロー目指して出発した。すでに八時をすぎている頃だった。印度人、殊にある程度上級のカーストの連中は、なかなか厄介な心理をもっている。この場合、このシリ・チュの小屋で泊まるとすれば、まあ床の上に毛布でも並べて寝ることになるんだが、これはその連れている人夫、下僕の手前、威厳を損ずることになるので、よくよくの場合でないとできないのだ。七、八キロ先に行けばバンガローがあるというわけで、痛そうな足を、疲れた体にむち打って出発していった。うまく道に迷わずに行けばよいがと、人ごとながら心配する。

しかしよく道に迷ったものだ。三三〇〇メートルくらいあるところから、一八〇〇メートルの低い場所まで、ドンドン下ってきているんだ。地図も持たずに、ダージリン近くのグームかクルンヨンの役所にいるというので、地理を知っているつもりなんだろうが、危ない話だ。しかしこのあたりは迷うにしても桁が大きい。なにしろ国境線の尾根だから、一歩道を迷ったら、ネパールとかシッキムとかへ迷いこむんだから。ちょっとチベットあたりに迷い込んでみたい衝動に駆られて、ひとりおもしろがった。

十一月十四日　シリ・チュからゼビーのバンガローへ。

途中ブドワリという村落で昼休みをする。此処はマーケットがある。どうも売っている布地なんか日本製品らしい。こんな土地までメード・イン・ジャパンが氾濫しているかということを考えると、日本という国はえらいものだと思う。

ネパリーの子供達は全く日本人に近い顔をしている。越中か飛騨の子供達をつれてきたようだ。どうも今までどこかで見かけた様な顔の子供が多いが、向こうの子供達の方でも、何か人なつっこそうな目でこちらを見ている。モンゴリアンの血統だということは一目で判る。途中の村落の様子とか、こういう土着民の生活振りなどが、日本の田舎、特に山間の村落なんかにそっくりで、なかなか面白い。印度を歩いている気持ちはしない。

ゼビーのバンガローは、村はずれの小高いところに建っている。こじんまりした小屋、村落のあるところだから、掃除人をやとって入浴の用意をさせる。マルワという稗《ひえ》から作った地酒を買ってこさせて、すこし味わってみる。人夫たちにも振る舞う。竹筒に発酵させた稗が一杯入っていて飲むときはこれに熱い湯を注ぎ、アルコール分をしみ出させて、細い竹管ですうのだ。すこし酸味の強い葡萄酒に似た味。コックに言いつけて、ロティという印度せんべいをこしらえさせて試食する。鶏は相変わらず食卓を賑わす。なかなか豪勢な食事、食料がうんと余っている。

今日はちょうどネパリーのお祭りだといって、小屋番がお盆に果物を盛り、花の中にローソクをたてて火を灯して持ってくる。遠くで太鼓の音がする。踊りがあるので、それを見物に行こうとしたが、小屋番が踊り手を呼んでくるという。やがてバンガローの前の広場に五、六人の踊り手、その他何人かネパリーがやってくる。石油ランプをあちらこちらに置いて、手で打つ太鼓に合わせて、踊りが始まる。主役は女の踊り手、何やら歌に合わせて円舞のようなことをする。お神楽式のものだ。小雨模様になったが、一生懸命踊っている。我々は部屋の中に入って、イスに腰掛けて見物する。偶然こんなネパールのお祭りなんかに巡り合わせて面白い経験をした。

十一月十五日　ゼビーは高度一二〇〇メートル足らず。ダージリンは二一〇〇メートルだ。ファルートからずっと谷に下りてしまったのだ。それで今日の工程は二一キロの内、八キロほどは平地で、むしろ下り。六〇〇メートルくらいの所まで行ったあとは、ダージリンまでの一三キロ、一五〇〇メートル程の高度をずっと上り一方で、相当厄介な一日だ。良案が浮かんだ。ポニーを雇ってこさす。ちょうど四谷から針ノ木峠越えの様なコース。ただ違っているのは、有名なダージリン紅茶の産地で、茶畑が山腹をすっかりおおっている。ポニーのおかげで、この厄介なコースを、ゼビーを九時に出発して、二時過ぎにはダージリンのエベレスト・ホテルに帰着した。

（注）原文を現代仮名遣いに直しました（平井）

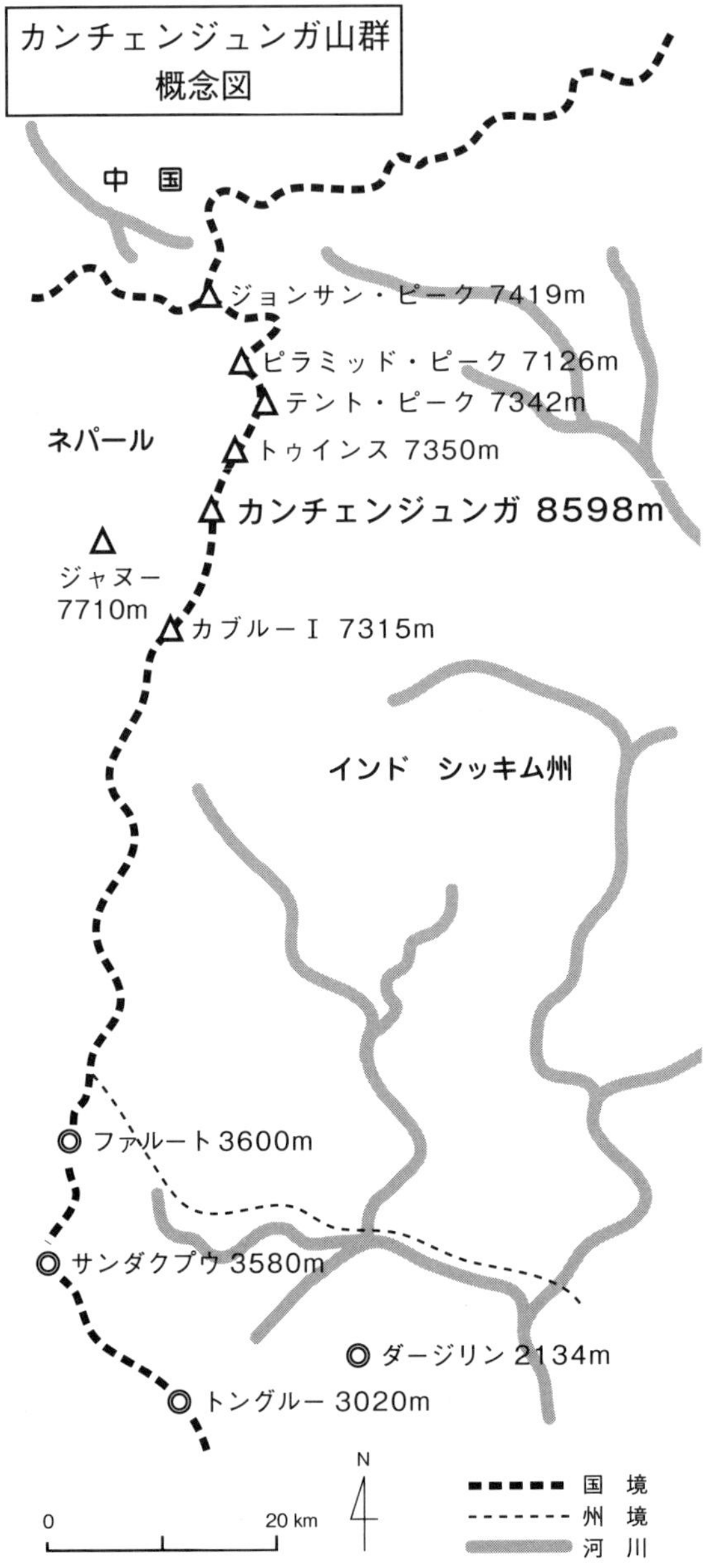

1936年11月13日　ファルート（3600m）にて撮影

神々が住む世界高峰　ヒマラヤ山脈（クーンブ山群）

マカルー（八四六三メートル）
エベレストからは約二十二キロメートル東にある

エベレスト（八八四八メートル）
チベット名でチョモランマ、ネパール名サガラマータ

ローツェ（八五一六メートル）
エベレストへ向かう登山家は、鞍部通過するために高さ一一二五メートルに及ぶローツェの氷壁を登らなければならない

バルンツェ（七二二〇メートル）

チャムラン（七三一七メートル）

写真さらに左には、K2（八六一一メートル）がそびえる。別名ゴッドウィンオースティン、中国名はチョゴリ。登頂の困難さではエベレストより上とされる。

甲南高等学校山岳部　部内雑誌　Ｖｏｌ．Ⅶ－１（一九三六年）「先輩通信欄」所載

北京から――上海・南京・長沙への旅

伊藤　愿

北京は秋のおとずれが早い。夏の暑い日射しが少し衰へはじめると、もう朝夕には冷氣が身にひしひしと迫ってくる。その頃から、空氣が澄んで、大空の碧《あお》さがだんだんさえて來る。夏の間ちっとも氣付かなかったいろいろの音がすんだ空氣にはこばれて、部屋の中まで聞えて來る。高く呼んでゐる物賣りの聲に混じて、路を過ぎて行く馬車の鈴の音が、胡同（フートン）の壁にひゞいて、チリンチリンと聞えてくる。夜の更けた頃、この鈴の音を聞くとたまらなく旅愁をそゝる。

此處《ここ》では、店舗が軒を並べてゐる大街（ターチェ）を一寸横にはいったところを胡同と呼ぶ。フートンとは満州語で、横丁という意味だと知った。胡同には店やはほとんどない。路には樹木が植へてゐて、散歩に適しそうだが、路が埃っぽくて誰も散歩なんかしない。

東城の胡同は、清朝時代役人が住んでゐた所だったせいか、皆な高い壁をめぐらした住宅ばかりが並んでゐる。この壁には、家々の門がそれぞれあるのだが、一日中殆んど締め切ってゐるから、辻から辻まで壁つゞきだ。この壁の内側で、中国人がどんな生活をしてゐるのか、行き過ぎの旅人には一向に見當がつかない。見當がつかないのは、これ一つにとどまらない。上海を振り出しに南京から船で揚子江を溯《さかのぼ》って漢口、長沙に行って、又漢口に引き返して平（京）漢線で北京に來たのだが、この旅行で一体何を得たゞろう。

上海には暫く足を止めたが、これは「中国」ではないといはれてゐる。中国の中の外国かも知れない。租界に立ち並ぶ堂々たる建物と、陋《せま》くるしい低い中国家屋。かつては、上海は中国の外国に對《たい》する門戸であった。

しかし今の上海は中国という土地に育った一つの「外国」である。所詮中国のほんとの門は上海の奥へ退がった、と或る人はいう。

歐風化した事物、近代式の商工組織、何處《どこ》のホテルや料理店に行っても中国人のボーイが実によく英語が判る点など、それから中国の若い人達が、食事を摂りながら中国字新聞よりも英字新聞を讀むのはまだしも、中国の青年同士話しをするのに、母国語を使はないで、英語でやってゐたりすることなどを見ると、或は外国かも知れないとも思う。

だが、灰燼《かいじん》の中から生れる不死鳥（フェニックス）の様に、新しい中国が生まれるとしたら何處からその産聲を挙げるか、俺には判らないが、上海にその横顔がのぞいてゐないかと一瞥《いちべつ》して來たまでのこと。

南京には、滬寧鐵路の夜汽車で朝八時頃着いて、汽船は未だ入港してゐないのに入ったらすぐ十時頃に出帆するとオドカされて、二、三時間足をとめたゞけ。

中山陵（孫文の墓陵がある）の往復の自動車の上から、国民政府の各官衛や兵営を眺めた。口の悪い人達は、国民政府の威令が行はれてゐるのは南京の附近の数省だけだという。その一省一省が日本の縣と桁違ひに大きいので、浙江、江蘇、江西三省だけで日本の本州に匹敵しようという廣さだ。

あの分裂に分裂を續けた状態からともかく、現在こゝまで統一して來た国民政府の功績は認めてやらなければなるまい。一九二七年三月二十四日、蔣介石の北伐が此處を占領し、その九月武漢・南京両政府が合流して以來、国民政府の本拠となった南京は、言はゞお膝元だ。

新生活運動もお膝元だけに、よく徹底的に行はれてゐると見へて、街路もよく整理され、些細なことだが街頭で煙草を吸ってゐる者も眼につかない。婦女の服装も上海のケバケバしさを見た目には質素過ぎる程に思へた。

ともかく今の中国の政治的な動きが、この土地から渦巻いて來るのかと思って、南京を眺めた。

マルコポーロは陸路をはるばる中国にやって來た。ギボンも書いてゐる。生糸を携へたキャラバンが海路でシリヤの海岸までの二百四十何日を、アジア大陸をトラバースして來た、と。比較的近代まで中国の表門は大陸に向ってゐたのだ。海港が中国の外国に對する玄関になったのは割合に新しいこと。

上海や天津から北京に來てしまっては結局 Maritime China だけを見て、Continental China に触れない。せめて揚子江を漢口まで行って平（京）漢鉄路で大陸的な中国を一目なりとも見て來た方がよからうと教へられたまゝ、揚子江を溯った。冬の減水期で船の進みは遅い。途中浅瀬が出来てゐたりして、難航だった。

両岸の河岸は水面の上に高く、流れに洗われて岸の土が見てゐる前で崩れ落ちる。こう大きい河となると、人工の堤防とか、なんとかいっておれない。自然のまゝに放任して、なるべくおとなしく、あばれない様にしてくれと頼んでゐる以外に手のつけ様がないのかも知れない。

黄河は夜、鐵橋の欄干に燈ってゐる淡い電燈の光の中に十五分ばかりですぎてしまった代わりに、揚子江の濁った泥水は何日かの間倦きるほど見さして貰った。漢口は仲々立派な都會、對岸の武昌、漢陽と経済的に一單位を形成してゐる。北伐軍の武漢政府があった所、もう少し繁華な都市を想像してゐたが、或は一九二七年一月、中国側の漢口英租界強力奪取事件による英国の撤退、或は国民政府の統一事業が追々と完成するにつれて、上海、南京の勢力がここを衰へさせたのかも知れない。

早晩完成する粤漢鐵路はこの漢口にどういう影響を與へることだらう。長沙に出かけたのは豫定外の行動だった。粤漢鐵路の一部にでも乗ってみたかったのと長沙が二七年の四月の事件、その十二月に暴動、三十年の七月に長沙ソヴィエト政府成立などでとかく事件が多い所らしいことに興味を持って、足を延ばした。

ちょうど此の旅行の前に、江西省瑞金の共産軍が四川へ逃げるのに省境をさわがしたとかで、汽車の警備も厳重だった。

鐵路の沿線には共産軍に對する備へが築いてあり、兵士が何人か監視してゐる。陵の頂上にも幾つか見える。壘《とりで》というからには相当大きなものを想像してゐたが、小さい倉庫然とした塔形で共産軍の遊擊戰に備へた一種の足溜まりにすぎない。

警備といふ名目で汽車に乗り込んでゐた憲兵が何とか文句をいってゐたが、長沙驛へ着くと少しエラそうな連中が現はれて、偶然同車した帝国海軍の将校と一緒に車站《しやたん》から一歩も出さないと驛長室に連れ込まれてしまった。どうも酒代か相手を慾しがって文句をつけてゐたらしいと後で聞いた。

領事が此の将校の出迎へに來てゐた爲にひとしきり談判があって、辛じて監禁の憂き目を免れた。此の一つの事件で、各省の省長と国民政府の領袖《りょうしゅう》との関係がどんなものであるかという一つの証據《しょうこ》をまざまざと見せつけられたのは、思ひがけぬ拾ひ物であった。蔣介石直属だとかで、憲兵がひどく威張ってゐて、省主席にかけ合うのなら勝手にかけ合へ、主席は俺達に何らの命令權はないんだ、なんて嘯《うそぶ》いてゐた。

直系の憲兵を色々の名目で各省に入り込ましてゐるのは、一つには外様の省長の目付けという役をさしてゐるんだと後で聞いた。少しエライ地位の者の手下は、其の他の者に對して親分の威光を笠にきて、威張り散らしてゐる。これはほんの一例だが、個人関係がこう公然とのさばり出してゐる中国だ。政治安定のない國の姿は、いろいろの事柄があまりにもみじめである。

長沙は山紫水明の町だ。古來文人学者をよく出してゐる。今でも湖筆、硯石の良いので有名。鉱産にはアンチモニーがある。世界産額約二萬噸《トン》中の八割以上は中国から産出され、湖南は又その全中国産額の八割以上、数量にして一萬四千噸前後を出してゐる。湘江の眞中に中之島があって、主に各国居留民が住んでゐる。

湘江を渡った東には中国人の町がある。度々の共産軍の襲撃では相當荒らされたらしいが、今では市街を通っても何の痕跡もない。頂度中国の春節前の大晦日で、街は大雑踏。しかし大通りを抜けて露地に入ると、いたましいものを見た。

明日はお正月だというのに、身にはらんるを纏った人々の群が、石疊の路上に眞冬の寒さに震へながら蹲《うずくま》ってゐる。積年の農村疲弊に加へて、昨年の旱魃《かんばつ》で収穫がなく、遂に農村を捨てた流民が多いということだった。湖南は小作農民の數が北方諸省より多く、耕作面積は極めて小さく、農民の生活は餓死線にまで押しつめられてゐた地方の内の一つなのだが、こういういたましい人達を眼のあたり見ると、中国の農民がどういう境遇になげ込まれてゐるかということが呑み込める。

長沙の西に、湘江を隔てゝ有名な岳麓山がある。風邪ぎみだったのに登って汗が出たまゝ寒風に晒されてゐたせいか、とんでもない目に遭った。

この晩は宿屋から移って領事館に泊めて貰ったのだったが、三十九度何分かの熱を出して、翌る日は起き上られずとうとう二、三日寝込んで了った。折角の長沙行も御難續きだったが、漢口への帰りは或人のはからひで、特別な船に便乗さして貰って、艦長室にふせながら、洞庭湖を眺める事が出來たのは嬉しかった。

平(京)漢鉄路の旅は、揚子江の船旅に劣らぬ單調なものだった。眞冬のせいもあらうが、まるで荒野を過ぎてゐる様な感じで、樹木が青々とした湖南とはまるで異った自然だ。樹木もあるにはあるが、村落の附近に葉の落ちたのがまばらに生えてゐるだけ。だがさすがに正月だ。土で固めて天日で乾かしたゞけの煉瓦で作った低い民家の入口、入口には赤い紙に何か目出度い文字を書いた(春)聯《れん》が貼られて、子供達がそれでも晴着らしいものを着せて貰って、門のところで無心に遊んでゐる。汽車の窓から眺めた土色一色の景色に、こういうものが出現すると、たまらなくうれしい。

北へ進むにしたがって黄土の混じた風が見舞って來る。黄河を越えて北へ進むと、空も黄色く曇ってゐる。

北京での生活について知らさねばならぬが、これは又次の便にしよう。初めは學校――ミッションで、主に宣教師として中国で働く人達に中国語を教へる――で外国人ばかり、男も女もゐる所で五、六ケ月暮して、中国語學習の大体の見當がついたから、今の所へ移った。

はじめに一寸書いた様に、中国人の生活とか、中国とかいうものは何だか摑みどころが見當がつきにくいから、一寸やそっとでは判らない。それからもう一つ、日中提携とか、北方経済開發とか大分やかましくそっちの方でいはれてゐるせいか、こっちもごたごたしてゐる。今の所、こういう問題がどう展開して行くか混沌としてゐて見當がつかぬ。

ちょうど眞暗がりの所へ入った時の様で――或はその反對でいろいろなものを走馬燈の様に見せられてゐる爲かも知れない――目がもう少し慣れないから、いずれその内にほんとの「北京だより」を送ろう。

（一九三五年一〇月一三日）

――註　伊藤愿氏ノ住所ハ左記――

北京　東城　吉兆胡同　三十一号　本佛寺

甲南高等学校山岳部　部内雑誌　Vol.Ⅶ-2（一九三六年）「先輩通信欄」所載

續・北京から

伊藤　愿

ながい、そして寒い冬だった。山での寒さは何とか辛抱できるが、街での寒さは閉口だ。人力車に乘ってゐる何分間、買い物に立ち寄って店鋪の土間で立ってゐる一分か二分のほんの僅かな時間に、靴を通して、外の寒氣が傳はって來る。趾《あし》がヂンヂン痛む。雪の中に穴を掘って寝た時も、こうは感じなかったように思う。どうも街の生活というものは住みにくいものだ。

此の冬は北京も珍しい大雪、こゝの雪は日本で、特に関西で経験する奴と大分違う。空氣が乾燥してゐるため、非常に乾燥してゐる。降ってから何日たってもサラサラしてゐる。積った雪が日を経るに従って消えてなくなるのに一向地面は濡れない。融けないで直ぐ蒸発してしまうからだ。もっとも、北京は北緯三十九度何分のところ、日本でいへば秋田ぐらいの北なんだから、別に不思議がるほどでもなかろうが、関西育ちの自分には珍しい。

こういうサラサラした雪だが中国人には此の雪をこわがる。草鞋《わらじ》が濡れるからだらうと思う。大抵の人は布で作った底に粗製フエルトを張った草鞋を穿く。このフエルトの間にボール紙が入れてあるからしめるのを極度におそれる。夏、中国人がどんなに雨をおそれるかは我々の想像以上だ。雨が降りそうな日には中国語の先生はやって來ない。雨が降ってゐる日は勿論お休みだ。これが北京のしきたりになってゐる。勉強ぎらいのズボラものには仲々都合のよい習慣だ。面会の約束でも宴会でも、その当日雨が降れば、黙って欠席しても誰も咎めないとか。

さて、此の雪だが、スキーには実によい雪質だ。こっちへ來る時、山の道具なんて、何一つ持って來なかった。北京から近くに手ごろな山はなし、出掛けても大青山が四十フィートあるかなしの高さ、これが陰山山脈の最高峰ではガッカリしてしまう。雪のへバリついてゐる山は新疆《シンキョウ》あたりまで行かねばならないし、こゝへは政治的な関係から一寸やそっとでは入れて呉れない。

雪にしたって、降ってせいぜい二分か三分、一寸も降れば大雪だと聞いてゐたから、スキーなんて大ゲサな代物は持って來なかった。それに今年の大雪はまさに六寸も積った（六尺と違うんだよ）。

北京の西郊に一寸した禿山がある。昨年の秋、香山に遊びに行く途中に芦屋のお多福みたいなこの禿山を見つけて完全に樹という樹は一本もないから雪が一寸積っても滑れそうだと見當をつけて置いた。一寸か二寸、ゴルフ場に雪が積ったと聞いたら課業をほり出してスキーを六甲のテッペンまで担ぎあげた時の味を忘れかねて市内中の運動具屋やスキーを賣ってゐそうな家を捜したがスケートはあるんだが肝腎のスキーは一台も北京にはなかった。北京の若い連中の冬のスポーツはスケートだけだ。市内に池は沢山あるし、これは皆公園になってゐる。五銭ほどで滑らしてゐるので北京の学生は大抵スケートを持って居るようだ。公園に行かなくとも、家で庭に水をまけば直ぐ厚い氷が出來るんだからスケートの流行するのも無理はない。あちらこちらでテニスコートが滑氷場に早変りしてるのも随分見かけた。それで北京ではスキーはとうとうやれなかった。

こういう寒い冬を迎へる北京では、毛皮は必需品だ。一枚何百円もする狐とか灰鼠とかの贅沢なやつは別問題。着物の裏全部に貼れる大きさになってゐた羊の皮ので十四、五円も出せば相當なものが買へる。安いのなら三円位からあるらしい。

北京市には洋車がほぼ八万台、車夫が十万以上ゐよう。北京市の人には域内だけだと九十万位で百万はなからうと思うから、北京では十人に一人は人力車夫なんだ。従って生存競争は實にはげしい。甲南の学校から岡本の駅までぐらいな距離は三銭から四銭で行く。一日終日働いて自分の手に入る収入は五、六十銭あれば上々という生活。（車は北京が大陸中で一番きれいそうでまあ辛抱が出來る。もっとも中にはヒドイのもあるが）。こういう洋車《ジンリキシャフ》的すら毛皮の大衣を着てゐる。寒いのだから仕方がない。毛皮はこゝでは実用品なんだ。

この毛皮の下に、綿の一ぱい入った綿袍《ワタイレ》を着込んで、冬の中国人は、綿入れの着物の爲にコロコロしてゐる。

暖かくなると毛皮を脱ぎ、この厚ツポタイ綿袍を脱いで軽装になり、その頃は娘たちがまとう中国服の美しさに感心せらるのだが、今年はこういう更衣の時期がいつあったのか氣候不順でちっとも氣につかなかった。

ほんとに今年の春はどこをどう彷徨ってゐるのか、道草を喰ひながら、道に迷ってしまったらしい。一日二日少し暖かくなって春が訪れたかなと思うと、又あともどりして急に寒くなる。こんな変調な氣候の中で桃季《とうり》は、あはたゞしく咲いて散って逝ってしまった。どうも今年は春の女神さん、お風邪を召したらしい。

それでも此の頃になって、やっと暖かくなった。その筈、暦の上ではもう立夏なんだ、とうとう春らしい春はなしに過ぎてしまった。

北は風土の関係で、花の色が冴えて美しい。香りも高く匂いが強い。今、北京は丁香《ライラック》と海棠《カイドウ》とが満開だ。ライラックの高い匂いが風にのって、北京中を包んでゐる。これで蒙古風に吹き上げられる黄塵さへなければ北京は実に住みよい場所なんだが。

これから段々暑くなって住みにく、なる。要領よく万事を纏めて、夏頃でも日本に皈《かえ》って、涸沢あたりに静養（じっと静にしてゐることだけを静養というに非ず）に行けたらシャレてゐるんだがどうもそううまく事は運ばん。皈るのはどうしても今年の暮頃になるらしい。

（一九三六年五月六日　於・北京）

一昨日は五・四運動記念日だった。大正八年、北京の大学の学生が中心になって抗日救國をモットーとして一大学生運動を起こした。これはパリー会議や日支軍事協定西原供款等に反對する学生の愛国運動として起り、五月四日親日派の要人の邸宅を襲撃した。段祺瑞政府も遂に弾圧的態度を採って、北京大学を臨時に監獄として、この運動への参加者、主に学生を片っぱしからこの中へほり込んだ。しかし、この五・四運動以来全國学生聯合会が出来、学生運動が組織的になって來た。そういう意味から五・四運動記念日は中国の学生達に重視され、又北京大学が北方の学生運動の中心になる。これは歴史的なもの、しかし今年の五・四記念日は北部の政治的状勢がこういう現状だから各学校の中では何をやってゐたか知らんが外部には何もあらはれなかった。昨年の十一月の末からの北部自治反對の学生運動、精華大学なんか学生が管理してゐて、教授よりいちいち誰何され、一時はどうなるかと思ってゐたが下火になった。空襲とかその他軍事的或は政治的な関係から、北部の大学は他の土地への移轉を計画してゐるらしい。貴重な図書は既に他へ撤出されてゐるとか。

日本から見れば、抗日とか、日貨排斥とかはどうも感情的に愉快じゃないが、しかし中国人の立場からは色々理屈はあらう。時に考へさせられることは中国人学生が学校で中国近代史、特に一八四二年の阿片戦争後の歴史を学ぶときどんな感慨をいだくか、他國人ながら判る様な氣がする。中国学生に對してこういう点同情もしたくなる。日本は幸い明治維新以来、苦しみながらも割合い恵まれたコースを辿って來た。だが二・二六事件は割合恵まれた道を進んで、遺産を居喰《いぐ》ひして來た日本人に或る大事なことを考へさす機会を与へたかどうか？

中国は日本より先に西洋文明と接触してゐながら、何故、いつまでも、こういう混乱状態を續けてゐるのであらう。

日本も考へなければならぬ。中国も考へなければならぬ。大きな問題が我々の前に横たはってゐる。

（一九三六年五月七日　於・北京）

（注）　原題は「北平」としている

北京滞在中の伊藤愿宛て　田口一郎の手紙　　一九三六年四月二十四日

本當に御無沙汰してしまひました。貴兄のまことにしっくりした中国服の写真（大体今まで日本に居たのが間違ひだった！　と感ぜさせる位の）を拝見するたびに今日こそは手紙を書かうときめてゐたのですが遂に筆不精になったりインキが相憎切れてゐたり、鉛筆が折れてゐるのにナイフがなかったりして御便り出來なかったのです。七重のひざを八重に折っておわびします。

こんな格子の入った窓のある家に住んでゐられること〻思ひます。貴兄の近況は渡辺街を通じて今西氏の談をき〻大いになつかしく思ひました。北京美人のことなども小生年齢が年齢だけに甚だ興味深く思ひました。

細腰の佳人と連れ立ってこんな門を出入すること又たのしからずや、東京丸の内は全く殺風景それ自身です。

陳者　僕は不相変です。月給取りよりも月給費ひの方に忙しく毎日毎日が夢の様に過ぎてゐます。會社員という身分も随分反省はしてゐるのですが、結局は無能力者にはこれより他はない様です。まづ無能力から精算してかゝらねばと思ってボツボツと勉強を始めてゐます。何もする事がない時だけ会社に行くことにしてゐるので山もかなり歩けます。秋の八ヶ岳、冬の北海道大雪山、春の鹿島槍そして明日から立山に行きます。どうも山といふ奴は何度行ってもむづかしくもあり新しく教へられる所もあるものなので一寸がっかりしてゐます。仲々ヒマラヤまで押し出る自信がないのです。

伊藤愿　北京にて（1936年1月）

追憶

ＡＡＣＫ人物抄　伊藤愿さん

平井一正

一九七三年、ＡＡＣＫ（京都大学学士山岳会）がヤルンカンに遠征したとき、伊藤愿さんの遺影を西堀隊長が房子夫人にたのんでもらってきていた。隊長はしんみりとして言った。

「これをヤルンカンの頂上に埋めてきてほしい」

五月十四日松田と上田は小雪まじりの頂上にたった。松田が雪にさしこんだ写真のセルロイドケースを、上田はピッケルのシャフトでコンコンとたたいて埋め込んだ。

このエピソードは、いかに伊藤さんのヒマラヤへの大きい思いが、時代をこえて我々に受け継がれているかを物語る（『ヒマラヤに挑戦して』一九九二年に中公文庫で再発行、ここで上田豊が解説している）。

「AACK Newsletter, March 2005」所載

それでは伊藤愿さんはどういう人であったか。パウル・バウアーの『ヒマラヤに挑戦して』の翻訳者であり、この本に書かれていた遠征費用から、ＡＡＣＫのヒマラヤ行が具体的に動き出したこと、ポーラーメソッドを極地法と訳し、富士山で実践したこと、一九三六年に、ＡＡＣＫのＫ２登山の許可交渉のため、インドで交渉を行ったこと（今西錦司編『ヒマラヤへの道』中央公論社　一九八八年）などという断片的なことを除いて、ほとんど知らないと言ってもいいだろう。ＡＡＣＫの歴史にも関係する重要な人物であり、その登山活動からも、知的活動からも、また国際人としてもすばらしい登山家であったことが想像できるが、我々の先輩としてもっとよく知る必要がある。そういう動機から、資料を調査し、房子夫人にもお目にかかってお聞きした結果をまとめてここに記す。（以下敬称略）

略歴（文献1）

伊藤は一九〇八年兵庫県城崎郡香住町（現・美方郡香美町）の不在地主の長男として生まれた。弟は三高、東北大を出て医者になった。同志社中学、旧制甲南高等学校を経て、一九三二（昭和七）年京都大学法学部を卒業、大阪朝日新聞社に入ったが、社会部の警察廻りに嫌気をさして退社。昭和八年、高文（高等試験行政科試験）にパス。松方さんや浦松さんが関係していた大平洋問題調査会の研究員として中国へ。北京駐在員として中国経済研究に従事。一九三六年七月から三七年四月までヒマラヤ登山交渉のためインドへ。帰国後再度中国へ。北支の最高経済顧問だった平生釟三郎（甲南高校創始者）の秘書、興亜院事務官などを経て、終戦のときは青島の領事をしていた。インドに行った期間を除いて、終戦までの生活はほとんど中国であった。帰国して、内閣、経済安定局、外務省、建設省、大蔵省を歴任。一九五一年、土木事業の行政制度および法規等の調査研究のため、欧米に六ヶ月の出張を命じられ、余暇にスイスアルプスで登山、ミュンヘンでバウアーと歓談。類い希なる人材であったが一九五六（昭和三十一）年十一月ガンのため没。享年四十八の惜しまれる死であった。

甲南高校での登山

旧制甲南高校はいまの甲南大学であるが、伊藤は甲南に来てから登山をはじめ、やがて登山界の第一線におどりだす。高校一年の夏（一九二六年・大正十五年）、はじめて燕、槍が岳を縦走、同年冬、スキーをはじめる。芦屋ロックガーデンで岩登りの腕をみがいた伊藤は、翌年夏、単独で滝谷を登り、続いて小槍の単独登攀に成功する。滝谷は二年前に早稲田隊による初登攀以来の登攀であり、小槍は四年前に慶応が登ったところである。そこを若い高校（旧制）二年生が単独で登ったということで、当時の岳界に衝撃を与えた。またこのときの彼の徳本峠からたどったトレースは、後述する山歴から分るが、まさに驚異的な山行きである。

伊藤の山の履歴（３１０ページ参照）の中でも特筆すべきは、一九二八（昭和三）年五月の槍から立山への縦走である。いくら五月とはいえ、装備、食料など今日とは比べものにならないほど重く、雪中露営の知識も乏しい時代に、積雪期に尾根筋を長期縦走するという形式は、着想といい、実行力といい、当時としては画期的であった。

興味あるのは伊藤は大島亮吉の遭難に遭遇していることである。同年一九二八年三月二十三日に伊藤は人夫今田重太郎と槍に登った。その帰途二十五日に北尾根を登っていた慶応の大島亮吉が遭難し、それを知った彼は遺体捜索の応援に行っている。余談であるが、今西錦司は大島と面識はないが、大島を登山界の鬼才として最大の尊敬を抱いていた。この両雄が手を組んで仕事をするようなことがあれば、日本の登山史は変わっていただろう。それだけに大島の死は大きい衝撃を与えた。（田口二郎『東西登山史考』岩波書店　一九九五年）

伊藤は学究の登山家でもあった。山岳気象と雪中露営の問題にとりくんでいて、その成果は「アルペンクリマについての一断片」（甲南高校山岳部報第二号）、「雪中露営の諸問題」（関西岳連創刊号）などにみることができる。

伊藤は現在の甲南大学山岳部の先輩でもあり、いま歌われている山岳部部歌も伊藤の作詞である。旧制甲南高校を卒業してＡＡＣＫ会員になっている人は、伊藤のほかに西村格也、喜多豊治などがいる。

京都大学での活躍

常に創造的でパイオニアワークを目指していた伊藤が、大学を京大にしたのは当然の帰結であった。よき土壌をえて、伊藤は思う存分力を発揮する。彼が大学三年生のとき、一九三一年十二月、パウル・バウアーのカンチェンジュンガ登山の報告書の和訳『ヒマラヤに挑戦して』を出版する。これはＡＡＣＫのヒマラヤ熱に火をつける結果になる。（出版社の黒百合社は、日本山岳会の会員中原繁之助が営利を度外視して経営に当たっていた――島田巽『山・人・本』茗渓堂　一九七六年）。さらに同年暮れから正月にかけて、西堀栄三郎をリーダに富士山に極地法を展開し、頂上に三晩過ごす。このときの登山の方法は、我が国ではじめての試みであり、これを伊藤がアサヒスポーツで発表したとき、はじめて極地法という名前を使った（アサヒスポーツ、昭和七年二月）。隊員と荷物の輸送はヒマラヤでも十分通用するものであり、時代を先取りするものであった。今西は言う。「新しい形式が極地法でなくてはならぬことは自分たちにも良くわかっていた。しかし如何に実現するか、これについての具体案を示して実行に移したのは、誰あろう愿だった。自分たちが愿から教えられたところはまことに多い」（文献10）。伊藤に対する最上級の賞賛であろう。

右記二つのできごとの他に、一九三一年六月には、ヒマラヤをめざす組織としてＡＡＣＫが結成された年でもある。伊藤はこの結成に事務局長的な働きをした。これらの活動に伊藤はすべてに関わっており、彼がＡＡＣＫの創設からその後の活動に果たした役割は非常に大きい。すべてはヒマラヤにそのエネルギーのベクトルが向いていた。そしてそれは一九三二年のカブルー計画として発展する。しかし満州事変のためにこの計画は挫折する。

房子奥様から聞いた秘話を紹介する。あるとき平吉功が転落し、行方不明になったことがある。すんでのところで捜索隊がひきあげるところまでいったが、最後に伊藤が逆さまになっている平吉を発見し、危ないところで一命を救った。その場所がはっきりしないが、伊藤が平吉とザイルを組んだ登攀で有名なのは一九三一年十月の鹿島槍北壁初登攀である。しかしこのときの記録（関西学生山岳連盟報告　第三号　一九三一年）を読んでも、それらしい記述はない。場所は不明だが、興味ある話である。

卒業後

伊藤は一九三二（昭和七）年京大を卒業後、ずっと中国にいて、白頭山などの遠征には参加していない。一方今西らはK２計画をすすめ、一九三六年北京の伊藤を呼び戻し、K２の許可を取りにインドに派遣する（文献２、３）。このとき加藤泰安も同行の予定であったが、費用が足らず伊藤ひとりの派遣となる。費用は田中喜左衛門や奥貞雄らのカンパによった（文献４）。現地では岸本商店が助けた。伊藤がヒマラヤンクラブのセクレタリーに会うとき、入室のサイン帳にＧｅｎ．Ｉｔｏと書いたことから、「ゼネラル伊藤か」と言って、すっかりゼネラルにされてしまい、歓迎されたという逸話がある。しかし日中戦争勃発のため、伊藤の努力も実らなかった。伊藤のインド派遣に関する資料は乏しく、奥様がきいても多くを語ってくれなかったという。因みにＫ２のサミッター候補に、伊藤のほか谷博の名があがっていたという（今西武奈太郎談）。当時のＡＡＣＫの隊員候補で、岩登りで有名であったのは谷と伊藤くらいであろう。

敗戦のとき、伊藤は中国の青島にいた。敗戦の混乱の中で、彼はひとり奮闘して、青島にいた日本人に、海軍から調達した食料を配給した。知られざる秘話である。しかし彼は麻袋を盗んだというあらぬ濡れ衣で密告され、中国官憲に逮捕され、百三十日ほど監獄に入れられた。そして昭和二十一年、最後の便で帰国を果たした。帰りの船で、密告した憲兵と会ったが、疲労していたために追求する元気もなかった。奥様はさきに昭和二十年十二月に帰国している。

戦後の活躍

帰国後、彼は中央官庁でエリートの道をすすむ。一九五一年に欧米に視察を命じられ、その間、スイスアルプスで遊んだ期間は楽しいものであったに違いない。一九五一年の夏、訪欧中の松方三郎、島田巽（朝日新聞ロンドン特派員）と伊藤はグリンデルワルトで落ち合い、そこで愉快な三日を過ごした（文献５、６）。平和条約もまだ締結されていない時代、当時のアルプスは日本人にとって夢のような世界であった。松方にとっては二十五年ぶり、あとの二人にとってははじめてのアルプスであった。彼らと別れてから、伊藤はガイドと共にウェッターホルンに登った。実に二十年ぶりの山登りであった。

それに自信をつけた伊藤はマッターホルンに登ることになる（文献7）。予約していたガイドが来ないので、単独で、あそこまで、あそこまでというつもりで登っていったら、頂上についてしまった。もちろんガイドブックでルートを諳《そら》んじていたこともあろうが、若いときに岩登りで鍛えた力が十分に発揮されたことと思う。

ミュンヘン滞在中にパウル・バウアーと面会し、歓談したことも快挙である。当時バウアーは六十歳をこえた初老であったが、日独の登山界の話や次のヒマラヤ遠征など話がはずんだ。ババリア隊はカンチェンジュンガとナンガパルバートの両方に手をつけているが、どっちかを譲ってもらえないかと切り出した。この次にドイツが行くのはカンチになるだろう、と言われ、それなら日本に帰って山のグループからヒマラヤのどれがいいか意見を求められたら、ナンガをあげていいかと念を押した……など報告されている。伊藤がそのときなおヒマラヤに情熱を持っていたことが伺える（文献８）。

伊藤はその岩登りの記録から見ても、ＡＡＣＫでは出色の登山家であり、それだけに、もし伊藤が病に倒れなかったら、必ずや戦後のＡＡＣＫのヒマラヤ遠征に参加され、我々後輩に大きな刺激を与えてくれたと思う。その夭折が惜しまれてならない。

結婚

日高信六郎（元日本山岳会会長）が出張して北京飯店に泊まっていたとき、伊藤が訪ねてきた。

「いま結婚を勧められ、自分もその気になっているが、なにぶん先年ヒマラヤ登山を思い立ったとき、成功するまでは結婚しないと仲間同志約束した手前、どうも踏み切れない」

と浮かぬ顔である。

「そんなことを気にすることがあるものか、戦争などという不可抗力で実現できなかったものが、何で結婚の妨げになろうか、それほど気になるなら、しらみ潰しにその仲間に当たってみたまえ、良縁を心から祝福はしても文句を言う奴なんか一人もいないよ」というと、そうでしょうかとまだ気がかりな様子、何とも言えないいい山男だと胸を打たれた（文献9）。

こういう経緯があって伊藤は昭和十七年に房子夫人と結婚した。夫人は松方コレクションの松方幸次郎の孫であり、媒酌は松方三郎である。戦争中のことでもあり、明治神宮で簡単な式をすませただけであった。

愛妻家であった。欧米出張中六ヶ月の間、奥様に九十九通のたよりをよせたそうだ（文献10）。そのコピーは今も夫人の手元にある。

房子夫人は現在もお元気で、青梅の慶友病院におられる。若いときはきっと可愛い、美人であられたと思わせる。今もしっかりして記憶力も抜群であり、曾孫にも恵まれた幸せな老後を送っておられる。

以上稿を起こすに当たって、甲南大学山岳会越田和男様には数々ご教示賜り、また文献などでたいへんお世話になった。また同平井吉夫様には房子様訪問に際してお世話になった。また梅棹忠夫様にはいろいろと教えていただいた。記して感謝の意を表す。

参考文献

（1）越田和男　「伊藤愿氏　山の履歴書」『山嶽寮　Ｎｏ．59』　２００４
（2）伊藤　愿　「滞印日記抄」『甲南高校山岳部部内雑誌　Ｖｏｌ．Ⅷ－８』　１９３７
（3）伊藤　愿　「印度から」『日本山岳会会報「山」　60号』　１９３６
（4）今西錦司編　『ヒマラヤへの道』中央公論社　１９８８
（5）越田和男　「一枚の写真から――伊藤愿さんのアルプス行」『山嶽寮　Ｎｏ．48』　１９９３
（6）伊藤　愿　「アルプス１９５１年」『岳人　Ｎｏ．62』　１９５３
（7）伊藤　愿　「マッターホーン單獨行」『日本山岳会会報「山」　１６１号』　１９５２
（8）伊藤　愿　「バウアーとの會見記」『岳人　Ｎｏ．49』　１９５２
（9）日高信六郎　「伊藤愿君を悼む」『日本山岳会会報「山」　１９０号』　１９５７
（10）田口二郎　「伊藤愿さんの思い出」『山岳　51年』　１９５７

日本山岳会会報「山」190号（一九五七年一月）所載

伊藤愿君を悼む

日高信六郎

伊藤愿君がなくなったのは淋しい。

今から二十年あまり前と思う。外務省につとめていた私のところに松方三郎君がみえて、こんど京大山岳部の連中で計画したヒマラヤのぼりの準備に仲間の伊藤という男をインドにやるから、旅券下附の口添えをしろとのころであった（伊藤君はインドに渡り、ヒマラヤンクラブにわたりをつけたりして万全の用意をととのえたが、国際状勢急変のために遠征はとりやめになった）。これが伊藤君と知り合いになったはじめなのである。

だから同君が京大山仲間のつわもので、RCC（ロック・クライミング・クラブ）の創設期のヴェテランだということなどよく知らなかったが、山はたちまちにして山仲間をくっつけてしまう。しかもそれがヒマラヤというのだから。

その後私は華中方面にいたので伊藤君が北京でオーウェン・ラチモアなどと交わりながら中国に打ちこんで研究をしていられる噂は聞いていたが、親しく会う機会もなかった。

そのうちにいわゆる日華事変が進展して興亜院というものが出来、私は東京の本院に、伊藤君は北京の連絡部にと同じ役所につとめることになった。あるとき満蒙華をつらねた出先官憲の打合せ会が東京でひらかれた。例によって日本本位、軍事優先の統制一本槍の報告や意見がつぎつぎに述べられるうちに、華北連絡部の順がまわって来ると、年も若く地位も低い一調査官が立って無理のない経済政策を主張し、あきれたり眼をつむったりする軍人や役人にはいっこう平気で、中央や出先の方針と施策を遠慮なくコキおろす、しかもそれがごくあたりまえのような調子なので、聞いている私としてはおもしろく愉快でたまらず、ひそかに声援を送ったことを思い出す。

その頃出張して北京飯店にとまったとき訪ねて来ての相談は、いま結婚をすすめられ自分もその気になっているが、なにぶん先年ヒマラヤ登山を思い立ったとき、成功するまでは結婚しないと仲間同士やくそくした手前どうも踏み切れないと浮かぬ顔である。

そんなことを気にすることがあるものか、戦争などという不可抗力で実現出来なかったものが何で結婚の妨げになろうか、それほど気になるなら虱《しらみ》つぶしにその仲間に当たって見たまえ、良縁を心から祝福はしても文句をいう奴なんか一人もいないよというと、そうでしょうかと未だ気がかりな様子、何ともいえないいい男だと胸を打たれた。

戦後建設省から欧州に出張することになった。きっと何かやるなと思っていたら、水源の調査とかいう名目をつけて谷をきわめ山をさぐり、とうとう約束したガイドの到着を待ちきれずにマッターホルンの単独登山をやり遂げ、降りて来たらやはり約束通りの案内料をとられたというところなど、同君の面目躍如たるものがある。

数年まえ参議院の選挙が近づいたある日のことと思うが、久しぶりにやって来て、どうも自分は役人のガラではないから、一つ政界に出て見ようと思うとのこと、私は今の日本内地の政界よりは国際機関の中にでもはいって外国で働いたほうが君に向くのではないかと私見をのべたのであったが、間もなく先輩に相談して見たら、どうもパットしないようだから止めたとのことであった。その後間もなく病気で入院との報を聞いたのである。

長い闘病の末に君は逝った。霞町の教会の祭壇に花をささげながら、マッターホルンを背景にベレーを被ってほほえむ君の写真の前に立ち、まだ新しいスイス製のピッケルとザイルとをながめ入ると、君に齢をかしてまだまだ好きな山に登らして見たかったとしみじみ思ったことである。

ピッケル作りの名人・グリンデルワルトのベント作

ピックには「G. ＩＴＯ」の金色の印字

日本山岳会「山岳　51年」（一九五七年）所載

伊藤愿さんの思い出

田口二郎

この正月は長年手をつけたこともない、ガラクタの書架をひっくり返して、昔の、といっても昭和の初期から八、九年までのことだが、当時甲南高校や京都大学から発行された山の雑誌を探し出した。せっかくの休みにもっと気の利いた読み物が有りそうなものだが、実はそれには、伊藤愿さんのことを調べるといった下心があった。

故人の思い出を書くに当って、私は社会に出てからの愿さんについて余りにも知らぬことに初めて気がついた。

愿さんは、昭和七年に京大を卒業しているが、暫くしてから北京に渡り、京大のヒマラヤ計画の下調べのため、単身渡印した昭和十一年から十二年にかけての時期を除けば、終戦後引揚げて来るまでの生活の本拠はずっと北支にあった。初めは松方さんや浦松さんが関係していた太平洋問題調査会の研究員として渡支したが、やがて北支の最高経済顧問だった平生釟三郎氏の秘書になって、大陸時代の愿さんは大いに羽根をのばしたらしい。引揚の前は、青島の領事をしていた。社会に出てからの愿さんを一番良く知っているのは、京大の今西さんや西堀さんや、それに加藤泰安君や、中国時代の愿さんの面倒をよく見て、愿さんと房子夫人との仲人役ともなった松方さんであろう。愿さんはちょっと東北人みたいな重厚さを持っていた反面、非常に人懐こい方で、会ったら忘れられない一風変った魅力の持主だったから、壮年時代の故人については、いくらでも語り手がいると思う。日高さんも会報に、愿さんのことを懐かしみ惜しまれて書いていられた。

私も戦後、外地から帰ってきたのだが、昨年十一月、愿さんが二ヵ年の闘病の甲斐なく遂に他界されるまでに、幾度御会いしたゞろうか。いつぞや東横線の日吉の家に泊まりがけでお邪魔していた時、飼っていた山羊が犬にかみ殺されたとかで、愿さんは庭に皎々《こうこう》と電灯を引いて、山羊の皮を剥いでいた。「みっともないから、夜にしてくれ、といったんですよ」と夫人は苦笑していたが、当の愿さんは、昔、上高地や南股で兎を剥いだ時そのまゝの如何にも楽しそうな顔付だった。帰国してから、安本から建設庁に行き、講和条約が出来て勤務先の渉外部が解散と決まったので、身の振り方に頭を悩ましていた頃、お会いすることがあった。或る土建屋からとてもうまい話があるのだが、自分の役所とのコネクションを目当てにした泥沼商売かも知れぬから、気が向かん、しかし、金のある所にはあるのもだね、というような話を聞かせた愿さんは飄々として、大ていのことはめげない筈なのに、この時ばかりは、戦後私達大かたの生活を揺さぶった嵐にもまれて憂鬱そうだった。しかし間もなく大蔵省にポストがあって、在籍のまゝ亡くなられた。愿さんには、今いったような潔癖なところがあった。京大を卒業して直ぐに大阪朝日に入ったが、社会部の警察署廻りが嫌いで直ぐに飛び出した。私の父の処に相談に来て、高文を受けることに決め、一年許り打ち込んで勉強し見事にパスした。学校時代は、山専門だったから、高文に受かった時には、私達も驚いた。頑張りも有名だったが、頭も良かった。

私が欧州から引揚げてきて間もなく一足先に大陸から帰っていた愿さんが、鎌倉に訪ねて来て下さった。十年振りの再会である。しかし、愿さんを見て一番喜んだのは、私の老母だった。息子を二人失くし、娘達もかたずいて淋しく暮した母にとって、愿さんの再現は、平和で良き時代であった一昔前の、暖かい日陽のさす環境の中で親しく行き来した人の懐かしい訪れを楽しんだ。

京大生の頃、愿さんは私達の阪神魚崎の家によく泊りがけでやって来た。両親、兄弟、妹達の、共通の友人となって、私達は愿さん、愿さんと従兄のように親しんだ。昭和十年頃、私達が魚崎を引き払って鎌倉に帰って来てからも、それは愿さんが印度から帰国した年だから、昭和十二年だったと思うが、帰国したその足で長谷の家に訪ねて来てくれて、それから間もなく、近くの浜辺の旅館の離れを借りて、二、三ヶ月滞留したことがあった。ぶらりとやって来て、よく母を誘って釣に出掛けた。私は当時、サラリーマン一年生で大森に下宿していたが、土曜日に帰ると、夕方頃、愿さんが母と釣竿を下げて帰って来て、勝手口で手を洗っていた光景などいま思い出す。愿さんの話し好きは、すでに伝説になっているから、書くに及ばないが、うちに来ても、愿さんの話し相手は一人去り、二人去り、遂には母一人になってしまうことが多かった。

印度で、横文字に刷った名刺の「愿（Gen.）」を「ジェネラル」の略字と間違えられ、大変な歓待を受けたという話や、フランス語のパーティーに出て飯がまずかったという、如何にも英語のうまさうな話を、私の母は深更に及んで何度聞かされたかわからない。

私は愿さんに山の手ほどきを受けた者だし、先輩の愿さんは、よく私達甲南の山の合宿にもやって来た。山の新知識や愿さんの抱負など、誰よりも多く聞いたはずである。それなのに私の記憶から、登山家としての愿さんの姿が、私の望むように、思うように出てこないのは、家族つき合いということが、私の愿さんに対する気持の強い基調になってしまっているので、強いて山の友人として、故人に焦点を合わすことに、若干の努力を必要とするからであろう。

しかし、愿さんを登山家として見直すために、古雑誌を少し丹念にひもといた時に、私は故人が持つことの出来た、ちょっと日本人放れした独創性と線の太さに、今さらのように驚かされた。愿さんの足跡を辿って見ると、その時代としては画期的な着想と実行とが次々に発見されて私を驚かす。これは必ずしも私の身びいきのせいとは思われないのである。それは、時代にして昭和の初期から七、八年頃までといって良い。

戦後、昭和二十六年、愿さんは「米国土木事業の行政、技術研究のため、六ヶ月、欧米に出張を命ず」との辞令を手に入れて、半ヶ年専ら欧州に遊び、スイスでは昔とった杵づかで、マッターホルンとヴェッターホルンに登って来た。しかもマッターホルンは、独りで登ってしまった。こう書くと、何でも人並みのことをすることを嫌った愿さんが、スイスでは「マッターホルン単独行」を決行したのか、と誤解を受けそうだから、愿さんのためにも記して置きたいが、私の手許にある愿さんの登山手記を読むと、他のパーティーについて、何となく独りで頂上まで攀《よ》じ登ってしまったのは、予約した案内人との連絡の手違いがその原因であって、その手違いは、愿さんがもともとフルゲン尾根を希望したのに、案内人はその尾根を恐ろしがって、遅延作戦に出たことから起ったものらしい。若しフルゲン尾根を登っていたなら、日本人ではその経験者はないのだから、面白い土産話が聞かれたに違いない。ともあれ、その案内人とは料金のことでも不快をなめさせられたらしく、グリンデルヴァルドは感激だったが、ツェルマットは失望だった風に、房子夫人に書いていられた。六ヶ月の旅に愿さんは九十九通の便りを留守宅に寄せている。堅人だったが、愛妻家でもあった。それから後、マナスル遠征の実現に必要であった官庁との折衝に、役人だった愿さんは惜しまず力を貸された。しかし欧州から帰った愿さんは、体も少し不調であったらしく、「ヒマラヤは、もうこんどは過ぎるなあ、次は南米かアフリカに行きたい」等といっていたことを思い出す。しかしその愿さんの心の底に、山への思慕がどんな形で宿っていたか、若い頃の、山への、ヒマラヤへの情熱を知っている者には、病床にあってもそれが埋火のように燃えていたとしか考えられない。

私が、初めて愿さん、というより愿さんの存在を知ったは、もう三十年も昔の昭和の初期の頃だ。

私達のいた甲南は、初め中学だけだったのが、大正の後期に、七年制の高校に昇格したもので、高校生になったといっても、丸帽が二本の白線に変っただけのこと、生徒の大かたは、阪神の住宅地帯から小学生のように徒歩で登校するいわゆる、ボンチ達であった。今でこそ違うが、当時の阪神間には、映画館や都会的な娯楽施設ひとつなく、全く田園的な雰囲気で、そこで育った甲南の生徒の気質は大都会の学生とも地方の官立高校の生徒とも違う、武骨ではないが、といって洗練されているわけでもなく、至極のんびりしている一方、スポーツには達者だったという手合が多かった。たまたま学校の裏に芦屋のロックガーデンがあったので、早くより、藤木九三氏らのＲＣＣの人達の影響を受けて、芦屋の岩場を大人よりも巧みに登り降りする少年のグループが出て来た。この少年達はやがて高校生（勿論旧制の話）になる年頃に達するのだが、それよりも二、三年前に、甲南は高校に昇格した。処がクラスが定員に満たなかったので、毎年、小数の欠員を外の中学からの志願者で埋めていた。まだ低学年だった私の幼い眼にも、他校から来た上級生が、甲南生え抜きの彼等と同級のボンチに並べ、おしなべてずっと大人に映ったことを覚えている。この人達が柔道部や弁論部を作って、ボンチの甲南も、一寸高校らしくなった。

甲南の尋常科（中学のこと）に入った頃、好奇心から大講堂の辨論大会をのぞいたことがある。頤が四角に張って大人っぽい風貌の人が「人生とは何ぞや」とか難しい講演題目をかかげて、荘重に落ち着き払って話していた。後年、それを話して笑ったが、その辯士が同志社中学から来た愿さんだった。私は当時、愿さんと交わっていたわけではなく、年令からしても中学の一年坊主と青年の違いがあったのだから、当時の愿さんの姿を鮮明に思出すことは出来ないが、愿さんという人は、甲南に移ったその年から、誰もが一目おく、老成したアンビシャス人といった印象を、与えていたように思われてならない。

この愿さんも甲南に来てから初めて山登りの世界と接触した。そして最初、愿さんの手をとったのは既に芦屋で岩の味を知っていた同じクラスの香月とか檀といった甲南ボーイ達だった。大正十五年のことである。

処で、ホームグラウンドの芦屋では、どのチムニーもナイフエッヂも猫のように登り降りしたこの連中も、漸く青年期に入った許りなので、それまでは遠出をしたことがなかった。大正十五年の夏、愿さんを交えた甲南ボーイ達は生まれて初めての日本アルプス入りをして、燕、槍ヶ岳を縦走した。結局実現は出来なかったが、穂高行も計画の中にあって、出発前には「藤木先輩の御宅に厄介になって穂高に就いての知識を得ることに懸命だった」（甲南高校山岳部報創刊号）。

愿さんは仲々凝性だったが、この日本アルプス処女行では、夜間撮影に熱中して、当時山などに持ち歩く人の少なかったマグネシュームで、皆を大いに閉口させたらしい。梓川の寒い河原に皆を並ばせて、何度やっても点火せず、その一幕は結局失敗に終ったが、天幕に引上げてからも、マグネシュームの効能について専門知識？を長々と開陳してゆずらなかったという。

愿さんが初めてスキーを履いたのも、大正十五年の暮のこと「仲間と早く練習せずんば、優秀なる登山は不可能なり」と「最初はただ履き方の練習のため、二回許り六甲ゴルフリンクスに出掛けた。明けて昭和聖代正月三日より兵庫県下、氷の山の麓の鉢伏方面へ練習に出掛け、冬学期になると、何事にも熱心なる愿はしばしば学校をさぼりスキー場に出席した……今日はクリスチャニアを練習せり、明日はテレマークを復習せん」（甲南高校山岳部報告二号、香月慶太氏）と大いにつめ込んで勉強した。

昭和二年、愿さんにとっては高校二年目の夏が来た。一年間芦屋でみっちり岩登りの経験を積んだ愿さんは、心秘かに期する所があって、仲間の烏帽子、槍ヶ岳行や南アルプス組に加わらず、穂高行を発表した。

夏に皆と計画して果たさなかった穂高行だった。しかし今回の目的は月並な縦走ではなく、二年前に早大一行によって初登攀が行われ、それ以来どのパーティーも通過した実績のない北穂高の滝谷であり、また四年前に慶応の人達が初めて登った小槍であった。

昭和二年暮発刊の甲南高校山岳部創刊号はまるで、伊藤愿、単独行の記念号と云っても良いものだった。もっとも編集責任者の愿さんは、石川欣一氏や藤木九三氏から原稿を御願いしたりして、部報を世に出すために、大いに工夫もしたし、苦労をなめたらしい。しかし、改造や中央公論等の月刊雑誌が五拾銭の時代に、一地方高校の登山報告が定価を堂々と八拾銭と謳って、大阪、神戸の書店に並べられ、しかも大いに買手がついたのだから、今日考えると時代も若かったし、愿さんのように情熱とアンビションに燃えた若者に応える場所は、山にも世の中にも何時でも用意されていたわけだ。

滝谷を独りで登り、槍の肩に廻って、小槍のトラヴァースに、単独行を記念する一本のハーケンを打込んだ愿さんは、まだまだ力が余って「ちょうど槍の肩にいた、山の親友、水野祥太郎君を誘い、何処かに出掛けようとした。その矢先、穂高の遭難を知って」屈強な二人は今田重太郎に頼まれ、「重太郎を先頭に、雨の穂高を人夫三名、鮮人二名と走り出した。南岳の三角地点で時計を見て驚いた。殺生小屋から南岳まで、普通、二、三時間の行程を、四十二分で飛ばして来たのだ。ちょっと休んでまた駆け出した」。

この単独行は、大げさにいわして貰うなら、伊藤愿の名前を天下に馳せることになり、その年の秋には、大阪の放送局は、この高校二年の若者に、「厳粛なる山の姿と犠牲者」なる講演を依頼して、放送した。放送局としても愿さんは年は若いが、一かどの大人の風格を備えていたればこそ、安心して依頼したのだろうが、その愿さんが内心に秘めたる所はまだまだガムシャラな青春の情熱であったに相違なく、さきに述べた甲南高校山岳部報に、愿さんは、その奔放な気持を次のハンス・モルゲンターラーの詩に托して謳っている。

「有り難いことに、若い時には気軽なものだ。私はしばしば一人で出掛けた。それが軽はずみだって?そういう君の言葉こそ軽はずみじゃないか。」

昭和三年の春、愿さんは初めて積雪期の日本アルプス——槍、穂高を訪れた。しかも二回に亘って、初めは、今田重太郎と二人で、槍ヶ岳を極め、第二回目には甲南の仲間と、再び上高地に入り槍ヶ岳、前穂高を登っている。

ところで重太郎と槍ヶ岳をすませて、更に涸沢にスキーを乗り入れた愿さんは、間もなく、しかもごく身近なところで、登山界を震撼させる大事件が起ころうとなぞとは、予想もしなかったに違いない。愿さんの手記を次に借りよう。「涸沢のスキーデポからプリズムで眺めると前穂高北尾根の第五峯に四人の姿が見えた。……自分達は北穂高に向かったが濃霧で引返しスキーデポで休息していると、慶応の人達が三人降りて来るのに出逢い、大島亮吉の遭難を知った。」

北アルプスの積雪期の初登頂は、大かた大正十年から十四年の間に行われているが、（山岳第三十年第二号、日本山岳会三十年、黒田孝雄氏）この時代を大島亮吉氏の名前と離して考えることは、まず不可能であろう。

私は愿さんが当時の登山界第一線の桧舞台であった穂高で、この高名な登山家の劇的な結末に、偶々《たまたま》立会人みたいな立場におかれたことは、それまではただガムシャラにひたむきに岩を攀じスキーを滑らせていた彼に、複雑な感銘と教訓を与えずにはおかなかったものと考える。

それは愿さんにどういう心境の変化をもたらしたのだろうか？

最近加藤泰安君から聞いたのに次のような話がある。昭和三年の夏、同君がまだ中学の四年か五年だったか、ともかく涸沢にキャンプしていた。ひどい雨続きで閉じ込められていた或る日の夕、上の方でホーイ、ホーイと調子外れの呼び声が旺んに聞こえた。面倒なので外に出なかった処、間もなく霧雨の中から肩巾の広い男が姿を現わして、会いざまに、初対面の泰安君に向って「君は万国山岳救援信号を知らぬのか」（注　ドイツ、オーストリー山岳会制定になる）と叱りつけた。それが愿さんであった、とそこまで話して、私達は、思わず声を出して笑ってしまったが、自分でそれを信ずる正論は押し通さずにはおかないのだが、そのやり方が少し野暮たくて如何にも稚気があるので、結局誰もがそのいい分を通させてしまう、といった若い当時の愿さんの面目がありありと浮かぶような話だった。

しかし、この話を思出すたびに、私は、昭和三年の穂高行と相前後する頃から、愿さんが、パウルケの「アルペンの危険」をドイツ語辞書と共に座右の書として、肌身離さず持ち歩くようになり数々の山の洋書と取り組んで、内面的な山の世界の勉強に転じ初めた事実を併せ考えないではいられない。誠に、山を初めて、早くも三年に、愿さんは若さ一本、槍の単独行やただのレコードメーキングに惓き足らぬ心境に入り初めたようである。それには愿さんが生得《せいとく》の独創的なるものへの趣向や登山界一般の激しい進展からの刺戟もあったろうが、大島亮吉氏の遭難が愿さんの心に、登山界の過去を将来とわけて距てる象徴的な事件として、時と共により深く印象されて行ったのではないか、愿さんの登山求道に転機的な影響を与えたのは大島氏の悲劇ではなかったのか、しかとした立証も持たずに私は何となく、こうした解釈にとらえられる。

春の槍、穂高から帰った愿さんは、五月に学校をサボって槍、薬師、立山の大縦走に乗り出した。

RCCの辻谷幾蔵氏と二人で、数名の人夫を連れて行ったこの縦走は、五月の下旬とはいえ、未だ雪深く埋もれた高度三千米の尾根筋に、何日も続けて行動するという意味で、登山の形式内容共に画期的なものだった。つまり、それまでの積雪期登山が、谷から頂であり、それが終って一般風潮は積雪期のヴァリエーション・ルートの開拓に進もうという時に、人の念頭になかった積雪期の縦走という方向に眼を向けたのである。

勿論、愿さんのそれからの山登りは、この形式の追求に終っているのではない。昭和四年五月、京大の高橋健治、西村格也両氏と行った雪の早月尾根、同年の夏、私の死んだ兄貴の一郎と初めて登ったジャンダルムの飛騨尾根、昭和六年十月、京大パーティーのリーダーとして鹿島槍カクネ里等。その時代の人達に与えられ、またその人達にしか与えられなかったヴァリエーション・ルートの開拓の機会を、十二分に鑑賞享受して、実績を後世に残している。しかし愿さんの登山遍歴に素晴らしい開眼の機会を与えたのは、今述べたスポーティーな新登路の開拓を通じてではなくて、昭和五年の五月の雪の縦走ではなかったろうか。これについては、私はかなりの確信を持って、そうだといえる。というのは、愿さんの年代記もここまで来ると、私自身も年令的に成長して、山の世界を通じて、愿さんと直接に接触し始めるところまで来るからである。大縦走から帰った愿さんが、一つの宿命的な課題に取り憑かれたことを、山岳部のルームに群がる私達餓鬼連にも知らされるようになった。課題というのは——ビヴァークの問題だった。縦走してわかったことは、夏小舎が使えぬ場合があること、また、突発の吹雪に強制露営を余儀なくされる危険があること、これに対処するには、軽量で嵩《かさ》の張らない装備が当然必要になってくるのだが、もとよりナイロン等は夢にも浮かばぬ時代のことだから、当時考え得る最良、最軽の防備といえば、ツェルトザックと毛皮の寝袋の二つにつきていたといって良い。それでは、ツェルトザックという限られた防備で、どの程度の安全が保障されるだろうか。さてこの疑問を裏に返せば、高所の気象がそれが人体に与える影響はどんなものかという問題が提起される。

パウケルの「山岳の危険」からその一章を訳出して雪崩に取り組んでいた愿さんの研究心の鉾先は、甲南後期から京大初期にかけて、山岳気象と雪中露営の問題に向けられた。

甲南高校山岳部部報第二号の「アルペンクリマに就いての一断片」、関西学生山岳連盟創刊号の「雪中露営の諸問題」、この二つの労作は、愿さんが沈潜していた山の世界の最も重要な断面を物語る。愿さんよりも、高校の年齢で一廻り若かった私達が、昭和四年頃から、春の横尾や岳川に天幕を張って、誠に無味乾燥な気温や温度をノートする、気象台ゴッコをやらされたのも、この時代の愿さんの情熱の発露であったろう。

しかし愿さんが、ビヴァークや気象の問題に熱中している中に簡単な装備で高所の雪に、安全に長時間滞在出来るならば、冬山の規模を縦にも横にも、素晴らしく深く拡げることが出来る筈だという啓示に到達したとしても、それは全く論理的な結論であろう。

私は愿さんのビヴァークに対する異常な関心の中に、当時のエベレスト登山の中心問題、即ちノース・コルより高所に二つ目の天幕を張ることが出来るか――という問題が投影されていたかどうかは知らない。しかしこの頃からの愿さんの視野の中には海外の大きな山々が浮び初め、京大に入った愿さんの手に依って、間もなくパウル・バウアーの『ヒマラヤに挑戦して』の訳本が上梓されたことも、当然の成り行きとして納得出来るのである。

『ヒマラヤに挑戦して』は登山界の注目を浴びたが、その半ばは訳者がその序文で端的に評したように、「これは如何にして、ヒマラヤ遠征を行うかの、新しいテキストブックである」という訳出の実践的意図のためであった。

昭和六年暮から正月にかけて、京大は、富士山においてわが国最初のポーラーメソッドにより登山を行った。愿さんが京大三年生の時である。

この時、愿さんは隊長の西堀さんと二人で、富士山頂に寝袋だけで三晩寝た。愿さんとしては、これは雪中露営の一実験であったろうが、当時誠に勇気の要る試みであった。しかしそれよりも画期的であったのは、京大パーティーの用いた隊員と運搬のリレー方式活用だった。一日で往復できる富士山に、多くの人間と日数を費やして行った京大の行事は、幾多の批評を呼んだがやがて愿さんの手で、主催者側の意図するところがアサヒ・スポーツに発表され、それ以来、極地法は海外遠征のキャッチ・フレーズともなった。

登山をはじめてからそれを文字通り激しく追求して飽くことを知らなかった愿さんが、大学を今西さんや西堀さんのいた京都に求めたのは、私には当然のように思えるし、またその人達と共に行った富士登山は、愿さんの世界をさらに高い高原に持って行くための梯子のような役割をしたことと思う。

その新しい世界の彼方には、ヒマラヤがその細かい氷のひだをキラキラさせて輝いてたことだろう。

早くもその当時、その氷のひだを最も確かな眼で、見初めた人達の一人であった愿さんは、残念ながら、遂にそれに手をもって親しく触れることなしに他界した。

私は愿さんと余りに親しかった故に、登山家としての愿さんの足跡を記す場合に均衡を失しておらぬかとそれを非常に怖れる。しかしそれにも拘らず私は筆をおく前に、友人加藤泰安君から聞かされた、今西さんの次の述懐を、愿さんにとっては、山の先輩であり、良き友人でもあった今西さんの次の言葉を同氏の許可を待たずして、ここに結びの言葉として引用する不遠慮な衝動を控えることが出来ない。

「新しい形式が極地法でなければならぬことは、自分達にも良くわかっていた。しかし、如何に実現するか、これについての具体案を示して実行に移したのは、誰あろう愿だった。自分達が愿から教えられたところはまことに多い。」

一九五七年二月二十五日鎌倉にて

甲南高校時代。中央が伊藤愿

甲南山岳会「山嶽寮」Ｎｏ．５９（二〇〇四年）所載

先輩、伊藤愿氏を偲ぶ

（旧理十一回生）山岡静三郎

伊藤愿先輩は昭和四年三月旧制甲南高等学校高等科を卒業し、京都大学法学部に進まれました。現時点で山岳部の関係者で知っているのは、昭和十年甲南卒業の関集三氏、同十一年卒業の田口三郎氏、同期の私、山岡静三郎の三名と、先輩で中途転向された井上正憲氏、佐野源一氏くらいかと思います。

伊藤氏は戦前、アルピニストとして、それも主として単独登攀者としての一面と、高文（高等試験行科）合格者として、戦時中は広い中国を舞台に、戦後は中央官庁の要職を歴任された類い稀な人材でした。しかし、昭和三十一年、四十八歳のお若い最盛期に病で他界されました。私は最近、非常に偶然の機会に、伊藤氏未亡人、房子様にお会いして貴重な資料を戴きましたので、ここに簡単に取り纏めて報告いたします。

輝かしい登攀記録（アルピニストとして）

日本アルプスでは、甲南時代に瀧谷単独遡行、小槍の単独登攀、ジャンダルム飛騨尾根初登攀など、京大に進まれてからも残雪の剣の早月尾根や八ッ峰、鹿島槍の北壁初登攀などの記録を立てられました。

甲南ご卒業後も、甲南山岳部の合宿にはよく参加され、昭和五年三月、春の白馬山麓のスキー合宿では親切丁寧に初心者の私達を指導されました。

昭和十一年には、京都大学のヒマラヤ登山計画の予備調査のために単身渡印、ダージリンのヒマラヤ倶楽部などを訪問され、Ｋ２登山の為のカラコルム入りの内諾を取り付けるなど活躍されました。

また戦後の早い時期（昭和二十六年八月）、訪欧の機会を生かされてスイス・アルプスのマッターホルンを日本人として初めて単独で登られました。

中国・東京の中央官庁で要職を歴任（官吏として）

戦時中、昭和十年から十四年にかけて、北京と天津に赴任、その間、平生釟三郎先生（甲南高校創設者、（元日本製鉄会長）が北京司政長官在任中、秘書官を勤められ、終戦時は青島で領事として困窮を極めた在留邦人の保護に尽力され、昭和二十一年春に帰国されました。

戦後は、外務省から建設省、さらに大蔵省に転じ、事務官、大臣官房財務官を務められました。

在勤中に健康を害され、昭和三十一年十一月二十七日、四十八歳で永眠されました。

ここで偉大なる先輩の偉業を偲び、謹んでご冥福をお祈り申し上げます。

二〇〇四年二月

北京にて。平生釟三郎（外交経済最高顧問）秘書官時代

拾遺

「旧制甲南高等学校歌曲集」(一九六七年三月)所載

あの頃

(旧文五回生) 香月慶太

山岳部の部員が八十名を越えた頃だった。山に入ればテントや山小舎で、学校に帰れば毎昼休みに校庭の隅の部室に集って、誰からともなく山の俚謡《りよう》や北大、三高、七高の寮歌を歌い出し、それが大合唱になるのが習慣になっていた。そのうちに、なんとも自分等の歌が無いのは淋しいナということになって、部歌の懸賞募集を行った。

締切日に集ったのは二つだけ、それがいずれも伊藤愿の作、山の歌と雪の歌。選衡《せんこう》するまでもなくこれが当選となり賞金は愿の山行きの旅費となった。

それからは毎日、学校でも山でのこの部歌が合唱の主軸になって、山岳部の気勢はますます昂《たかぶ》る一方。昭和三年の頃だった。

その頃伊藤愿は私の家に奇寓《きぐう》していた。夜など無聊《ぶりょう》なままに、全国寮歌集を買い求めて片ッ端しから高吟した。偶々野球やラグビーの対浪高や姫高戦が盛りあがり、部歌や応援歌も必要になって来た頃だった。そこで全国寮歌集を虎の巻にして適当な文句を選び出し二人で幾つかの歌をでっち上げた。それを文才のある愿が纏《まと》めあげたのが蹴球（ラクビー）部々歌、野球部応援歌である。私はこれ等の歌を歌う時、そのころの愿の若さに激動していた俤《おもかげ》をこよなく懐しく思い出す。

学校の西北隅に食堂があった。昼食は高等科三年から尋常科一年まで、全先生も一緒にここで給食を摂る。全員が揃うまで皆神妙に待つ。笹岡騎兵少佐殿がベルを押されると一斉に「いただきまーす」と叫んで箸を持つ。このベルの一瞬前をとらえて私は檄《げき》を飛ばすことにしていた。紋付、黒袴で椅子に立ち上がって、「諸君！　今日は浪高野球定期戦の日である。雌伏《しふく》一年、汗と涙で鍛えに鍛えた吾等がナインが今ぞ宿敵浪高を、宝塚グランドに迎え撃つ時が来たのだ。五百の健児の気魄《きはく》をわがナインに託して、この戦に勝利の栄冠をかちとらなければならない。数多くの応援を期待するや切。サァ行こう、今日の戦場武庫川原頭へ！」と拳を振りあげれば拍手の嵐が起こること必至。土曜日の放課後はこうして気分を盛り立てて尋常科の人達まで大挙宝塚に乗り込み幟《のぼり》を押したて応援歌を我鳴り続けた若き日の感激。

今は食堂も大学の化学実験室に変り、宝塚のグランドも影すらない。しかし「嗚呼我勝てり勝戦」と歌えばその頃の感動がそのままによみ返って来るのは真にありがたいことだ。高等学校の歌曲は私にとっては無二の若返り剤であり、枯れることなき活力素である。

なつかしき哉、白線時代。友と共に歌う機会の一回でも多からんことを希《こいねが》いつつ。

（注）「旧制甲南高等学校歌曲集」は、昭和四十一年第一回全国寮歌祭を機に編集、昭和四十二年三月三十一日に発行された

甲南高等学校山岳部部歌「雪の歌」

伊藤　愿　作詞
石原徳春　作曲

moderato
f
すさーぶふぶーきはしずーまりて　あらしはやーまに
p
おちはてぬ　いましーかがやーく　やまなみーに　あけゆく
mf
ぎーんのゆきのはーら　りゅうこうたかく　はてしなく
じゅうひょうはーゆるあさぼらーけ

甲南高等学校山岳部部歌「雪の歌」

伊藤愿（旧文四回）作詞・石原徳春（旧理四回）作曲

一、荒《すさ》ぶ吹雪《ふぶき》は静まりて
嵐は山に落ち果《は》てぬ
今し輝く山脈《やまなみ》に
明け行く銀の雪野原
流光《りゅうこう》高く際涯《はてし》なく
樹《じゅ》氷《ひょう》映《は》ゆる朝明《あさぼらけ》

二、陽《ひ》はうららかに輝きて
歓喜《よろこび》胸に溢れ来る
スキーを抱く男の子等の
心躍るや雪の山
光と雪の舞うところ
白い広野《ひろの》の雪滑り

三、夕陽《せきよう》西に茜して
山の彼方《あなた》に消ゆる時
雪の野末《のずえ》は黄昏《たそが》れて
薄紫《うすむらさき》にうすろえば
スキーの群は雪に浮き
夕べ静かに辿るかな
夕べ静かに辿るかな
シーハイル!!

甲南高等学校山岳部部歌「山の歌」

伊藤　愿　作詞
橋本国彦　作曲

あけのみそらに　そびゆるみねは　ようらくまとう
くおんのすがた　つらなるやまなみ　びょうぼうとして
こんじょうのそーら　れいろうにてり　はえとのぞみに
こころはおどる　これこそ　われらが　あこがれのやま

甲南高等学校山岳部部歌「山の歌」

伊藤愿（旧文四回）作詞・橋本国彦 作曲

一、黎明《あけ》の御空《みそら》に聳《そび》ゆる峯は
瓔珞《ようらく》纏《まと》う久遠《くおん》の姿
連る山脈《やまなみ》渺茫《びょうぼう》として
紺青《こんじょう》の空玲瓏《れいろう》に照り
栄《はえ》と希望《のぞみ》に心は躍る
これこそ我等が憧れの山

二、嗚呼永劫の時の歩みに
変らで立てる沈黙《しじま》の峯よ
嵐は去りて白日の下《もと》
陽炎《かげろう》燃えて頂上《いただき》に舞う
我等が叫び虚空《こくう》に響き
厳《おごそ》かに立つ山岳の霊

三、静かに夕陽落ち行く辺り
あかがね輝《かがよ》う山端の梢
黄昏《たそがれ》漂う谷間の木蔭
星の光の漏るる岩窟《いわや》
自然を己が揺籃として
彷徨《さまよ》う我等が憩いの褥《しとね》
彷徨《さまよ》う我等が憩いの褥《しとね》
ベルグ　ハイル！！

甲南高等学校野球部応援歌

伊藤　愿　作詞
小林光雄　作曲

moderato（♩＝100）
せいきりょーりょーくもあれて　やちょーはいきを　ひそむとき
こーりゅーくもを　えてとべば　ちみもうりょうも　ちにふさん
たてよやきゅうの　ををしとも　はくあじょーかの　けんだんじ

甲南高等学校野球部応援歌

伊藤愿（旧文四回）作詞・小林光雄（旧理四回）作曲

一、醒《せい》気寥々《りょうりょう》雲荒れて
　　野鳥は息を潜む時
　咬竜《こうりゅう》雲を得て飛べば
　　魑魅魍魎《ちみもうりょう》も地に伏さん
　起てよ野球の雄々し友
　　白亜城下の健男児

二、鳴かず飛ばずの三星霜
　　大榭《しゃ》に燃ゆる白日や
　大瀛《えい》凍る厳寒に
　　鍛えし腕を振え今
　立てよ野球の雄々し友
　　白亜城下の健男児

三、紅もゆる赤翠《すい》や
　　征衣を払ふ蘭紅《らんこう》も
　血汐高鳴る鉄棍《こん》に
　　男子《おのこ》の意気を吐けよ今
　立てよ野球の雄々し友
　　白亜城下の健男児

四、鳴呼邯鄲《かんたん》の夢枕
　　壺《こ》中の天地一炊《すい》の
　栄華は逐に長からず
　　惆悵恨《ちゅうちょううらみ》は長くして
　城下の盟《ちかい》をなせし敵
　　勝利の凱歌我にあり
　　勝利の凱歌我にあり

甲南高等学校蹴球（ラグビー）部部歌

伊藤　愿　作詞
小林光雄　作曲

Allegretto (♩=108)
あ ら し と く る ー う ー ー き ー た か ぜ の む
こ の ふ も と に た ま ー け れ ば お の こ の ち か
ら せ ー い しゅ ん の む ね に あ ふ れ て わ か き ち ー
わ あ か き せ ん い を う る ー お し ぬ

甲南高等学校蹴球部部歌

伊藤愿（旧文四回）作詞・小林光雄（旧理四回）作曲

一、嵐と狂ふ北風の
六甲《むこ》の麓に球蹴れば
男子《おのこ》の力青春の
胸に溢れて若き血は
赤き戦衣を潤《うるほ》しぬ

二、さらば男児《おのこ》よ若人よ
思えよ明日の戦《たたかい》を
激げしきいくさ知ればにや
苦しきつとめ幾年《いくとせ》か
いざ奮はなん甲南ラガー

三、剣を悪《あ》しと誰か云ふ
正義の刃《やいば》かざしては
我等勝ちて我友よ
輝やく野辺に栄《はえ》かざし
歌ふ我等甲南ラガー
歌ふ我等甲南ラガー

「旧制甲南高等学校歌曲集」（一九六七年三月三十一日発行）より転載しました

伊藤愿　山の履歴

越田和男

登山史研究家の故山崎安治さん（著書『山の序曲』『穂高星夜』『日本登山史』など）から、伊藤愿さんの山歴や遺稿を収集しまとめておくべきだとのご意見をいただいたのは、もう何年前のことか。甲南山岳会の後輩として興味のある作業だとは思いながらも、なかなか果たせず、やっと時間の余裕のできたこと、房子夫人にお目にかかる機会があったことで、本稿の元となる「伊藤愿氏　山の履歴書」を甲南山岳会の機関誌「山嶽寮」に寄稿したのが数年前のことだった。

伊藤愿さんといえば、昭和初期甲南高校時代の北穂高滝谷の単独遡行、今も仲間の愛唱する部歌「山の歌」の作詞、京都大学に進んでからのパウル・バウアー著『ヒマラヤに挑戦して』の翻訳出版などで、断片的かつ伝説的に伝え聞く、遥か雲上の大先輩。戦前戦中の長い外地勤務と戦後早世されたこともあって、直接お話を伺うという機会もなく、具体的にどのような山登りをされたのか知る由もなかった。

幸い、今では入手困難だが甲南の古い部報類、関西学生山岳連盟の報告などに山行記録が散見されたので、それらを拾い集めた次第だが、初期の頃はロックガーデンへの日帰り山行なども記録があり、それらも略さず記入してある。京大時代など当然山行頻度は上がっているはずだがいちいち細かい山行記録がない。全体としてバランスを欠くことになるが、初期の頃の同行者名などにも興味あるところなのでそのままとした。

（二〇〇八年五月二十日）

年	月	伊藤愿とその同行者、行程など（山関連の記録）	掲載誌、その他
1926年（大正15年）	4月	甲南高等学校入学と同時に山岳部入部	
	8月	燕～槍ヶ岳縦走：磯田辰男　西村格也　香月慶太　前田敏文 檀淳　小林　島　山口　中尾 中房～燕～大天井～槍～上高地～徳本峠～島々	磯田辰男「日本アルプス踏破記」甲南高校学友会誌「甲南」3号（1926）
1927年（昭和2年）	1月	鉢伏山：西村　檀	
		神鍋山：伊藤単独	
	2月	伊吹山：西村　檀　香月	
		神鍋山：伊藤単独	
	4月	芦屋ロックガーデン：安井博彬　香月　水野健次郎　松本甫	
		芦屋ロックガーデン：安井　香月　水野　松本　檀　今村　井上正憲 喜多又太郎　原　祇園清　近藤中佐	
	4～5月	奥池キャンプ：31名参加	
	5月	芦屋ロックガーデン：安井　喜多　入江	
		シノキ山・ロックガーデン：23名参加	
	6月	芦屋ロックガーデン：西村　香月　檀　山口　松本　野田真三郎	
		芦屋ロックガーデン：香月　安井　水野　井上　今村　笹岡忠夫 置塩　浅野　足立正夫	
	7月	北穂滝谷遡行・小槍登攀：伊藤単独 徳本峠～上高地～中尾峠～蒲田～錫杖～蒲田～槍平～槍～南沢下降～槍平～滝谷遡行～穂高小屋～白出沢～槍平～槍・肩ノ小屋～小槍登攀～涸沢小屋～穂高小屋～前穂～上高地	伊藤愿「瀧澤谷涸澤岳登攀」・「山旅（單獨行）」甲南高校山岳部報告・創刊号（1927） 伊藤愿「荒村行―上高地より蒲田温泉へ」甲南4号（1927）

年	月	伊藤愿とその同行者、行程など（山関連の記録）	掲載誌、その他
	7〜8月	燕〜槍縦走：平沢有一　横田	壇淳 伊藤愿「小槍」報告・創刊号（1927）
	8月	穂高にて遭難救助に参加：水野祥太郎（RCC）	伊藤愿「穂高の遭難救援記」報告・創刊号（1927）
	9月	芦屋ロックガーデン：18名参加	
	9月11日	NHKラジオ放送「厳粛なる山の姿と犠牲者」出演	NHK大阪放送局
		芦屋ロックガーデン：伊藤単独	
	10月	丹波・小金岳：香月　檀　祇園　安井　井上　笹岡　今村　喜多	
	11月	芦屋ロックガーデン：RCC岩祭り　甲南より10名参加	
	12月	甲南高等学校山岳部報告・創刊号編集	
1927〜1928年	12〜1月	関温泉スキー合宿：18名参加	
1928年（昭和3年）	3月	槍ヶ岳と北穂高：今田重太郎（人夫） 島々〜徳本峠〜上高地〜一俣小屋〜槍往復〜横尾岩小屋〜北穂（途中まで）〜北穂下山中、大島亮吉氏の前穂での遭難に遭遇（遺体捜索参加）〜上高地	伊藤愿「3月の槍ヶ岳」報告・第2号（1929）
	5月	常念〜槍〜大天井〜三俣蓮華〜薬師〜立山：辻谷幾蔵（RCC） 中山彦一（人夫）　近藤一雄　太田八郎　今田重太郎（槍平より）	伊藤愿「5月の北アルプス縦走・常念〜槍〜薬師〜立山」報告・第2号（1929）
		六甲山縦走：9名参加	
	7月	穂高〜槍〜大天井〜燕：安井　笹岡　豊科〜大滝岩小屋〜常念の鞍部〜一俣小屋〜涸澤岩小屋〜（雨中伊藤独りで穂高小屋往復）〜横尾岩小屋〜槍往復〜大天井〜燕小屋〜中房〜有明	安井博彬「北アルプス穂高行」報告・第2号（1929）
	8月	六甲キャンプ：多数参加	
	9月	甲陽園キャンプ：18名参加	

年	月	事項	文献
		道場不動岩：香月　井上　野田　笹岡	
		芦屋ロックガーデン：13名参加	
	10月	仁川〜奥池：8名参加	
	11月	道場不動岩：15名参加	
		芦屋ロックガーデン：12名参加	
	12月	芦屋ロックガーデン：15名参加	
1929年（昭和4年）	12〜1月	関温泉スキー合宿：7名参加	
	2月	大江山スキー行：18名参加	
	2月	芦屋ロックガーデン：西村　国府礼太郎　佐山好弘	
		芦屋ロックガーデン：8名参加	
		芦屋ロックガーデン：富士澤浩　秋馬晴雄　平沢	
	3月	上高地・善六澤より西穂：伊藤単独 島々〜沢渡〜上高地〜西穂〜徳本峠〜島々	伊藤愿「3月の上高地・善六澤より西穂高」報告・第2号（1929）
		鹿沢スキー行：大島寛一（神戸一中）	
		上高地生活 槍ヶ岳：西村　檀　香月　大島　塚田（人夫）百瀬（人夫） 前穂高：香月　塚田（人夫） 西穂高：西村　檀　湯川孝夫　百瀬（人夫）	香月慶太「3月の上高地生活」報告・第2号（1929）
		甲南高等学校　卒業	
	4月	京都大学入学	
	5月	剣岳早月尾根と八ツ峰：西村　高橋健治（京大）佐伯由蔵（人夫）	西村格也「5月の剣生活－早月尾根・八ツ峰」報告第2号（1929） 高橋健治「五月の早月尾根と八ツ峰」日本山岳会・山岳第24年2号（1929）

年	月	伊藤愿とその同行者、行程など（山関連の記録）	掲載誌、その他
1930年（昭和5年）	7月	現役の涸澤合宿に参加　16名	伊藤愿「ジャンダルム飛騨尾根登攀」甲南高校山岳部部内雑誌2号（1930）／アルピニズム第4号
		穂高ジャンダルム飛騨尾根初登攀：田口一郎	田口一郎「ジャンダルム飛騨尾根」関西学生山岳連名報告2号（1931）
		槍北鎌尾根：喜多又太郎	喜多又太郎「北鎌尾根」部内雑誌2号（1930）
	11月	関西学生山岳連名報告（AAVK報告）：創刊号を編集	
	12月	日本山岳会入会　会員番号1265	
1931年（昭和6年）	1月	上高地生活：伊藤独り天候観測のため滞在	笹岡忠夫「一月の上高地」部報4号甲南高校山岳部（1931）
	3～4月	八方尾根～五龍～鹿島槍（初縦走）：工楽英司（京大）　長谷川清三郎（三高）	工楽英司「春の五龍鹿島縦走」関西学生山岳連名報告2号（1931）
	10月	鹿島槍北壁主稜（初登攀）：藤田喜衛　平吉功（京大）	平吉功「カクネ里より鹿島北槍登攀」関西学生山岳連名報告3号（1932）
	12月	パウル・バウアー著『Im Kampf um den Himalaya』（Knorr und Hirth, Muenchen, 1931）を訳出出版	伊藤愿 訳『ヒマラヤに挑戦して』黒百合社（1931）、中公文庫（1992）
1931～1932年（昭和6～7）	12～1月	日本初の極地法により富士登山：京大隊に参加 西堀榮三郎　今西錦司　浅井東一　酒戸彌二郎　細野重雄 工楽英司　遠山富太郎　藤田喜衛　扇田彦一	伊藤愿「ポーラメソドによる富士登山」アサヒスポーツ昭和7年2月1日号、15日号 伊藤愿「冬の富士登山」部報Ⅴ・1（1932） 遠山富太郎「富士大沢口冬季登山」日本山岳会・山岳27－2（1932）
1935年（昭和10年）	3月	京都大学法学部卒業	
	10月	渡支・北京赴任	伊藤愿「北平から」部内雑誌Ⅶ・1（1936） 伊藤愿「續・北平から」同Ⅶ・2（1936）

1936年（昭和11年）	7～11月	単身渡印　京大ヒマラヤ登山計画の予備調査にあたり、K2登山のためのカラコルム入りの内諾を取得	伊藤愿「印度から」日本山岳会報60（1936） 伊藤愿「滞印日記抄」部内雑誌Ⅷ・1（1937）
1937年（昭和12年）	11月	天津赴任	
1939年（昭和14年）	7月	華北赴任	
1942年（昭和17年）	5月	松方三郎の紹介で、松方幸次郎三女の房子と結婚	
1943年（昭和18年）	6月	青島赴任	
1946年（昭和21年）	7月	帰国	
1951年（昭和26年）	7～8月	スイス　グリンデルワルトの最初の3日間を松方三郎・島田巽と過ごす ウェッターホーン：ガイドのウイリイ・スタイリーと登攀 マッターホーン：スイス山稜から単独登攀	伊藤愿「マッターホーン單獨行」日本山岳会会報161（1952） 伊藤愿「アルプス一九五一年」岳人62（1953） 渡欧中に妻に送った絵葉書99通を入院中に原稿用紙に書き写す。葉書は他人に貸し失う。
1956年（昭和31年）	11月	病没	
1993年（平成10年）			越田和男「一枚の写真から・伊藤愿さんのアルプス行」甲南山岳会山嶽寮48（1993）
2004年（平成17年）	11月	五十回忌	山岡静三郎「先輩、伊藤愿氏を偲ぶ」甲南山岳会山嶽寮59（2004） 越田和男「伊藤愿氏　山の履歴書」甲南山岳会山嶽寮59（2004）
2005年（平成18年）	3月		平井一正「AACK人物抄—伊藤愿さん（1908・1956）」AACK Newsletter No.34（2005）
2008年（平成20年）	6月		松方恭子編『妻におくった九十九枚の絵葉書』

伊藤　愿（いとう　げん）年譜

1909（明治41）年4月25日　兵庫県城崎郡香住町（現・美方郡香美町香住区）若松に生まれる。本名すなを。父は精人。薬剤師。香住農業会会長。兵庫県裁判所調停員。母は賀得《よしえ》。弟は博、仙台の医師
1915（大正4）年3月　兵庫県浜坂芥信幼稚園卒園
1921（大正10）年3月　兵庫県香住小学校卒業
1926（大正15）年3月　京都同志社中学卒業
1929（昭和4）年3月　甲南高等学校文科卒業
1932（昭和7）年3月　京都帝国大学法学部卒業
4月　大阪朝日新聞社入社
1933（昭和8）年10月　高等文官試験行政科試験に合格
1934（昭和9）年5月　太平洋問題調査会研究員となる
1935（昭和10）年1月　同会研究員として渡支
北京駐在員として中国経済研究に従事
1936（昭和11）年6月　帰国
京都帝国大学山岳部が計画したヒマラヤ登山遠征隊の先発隊として渡印
7月　帰国
1937（昭和12）年4月　天津商工会議所及び朝鮮銀行の委嘱に依り天津経済事情調査、指導に従事
11月　同職辞職
1938（昭和13）年2月　平生釟三郎の秘書となる

7月14日　陸軍省事務を嘱託される
1939(昭和14)年7月15日　北支那方面軍特務部附を命ぜられる《陸軍省》
7月16日　平生釟三郎の秘書を辞職
興亜院事務官に任ぜられる
興亜院華北連絡部在勤を命ぜられる
8月15日　正七位を叙せられる
1940(昭和15)年4月29日　勲六等を叙せられ単光旭日章を授かる
1942(昭和17)年5月25日　松方幸次郎の三女、房子と結婚
11月1日　大使館三等書記官を任ぜられる
1943(昭和18)年3月6日　長女和代誕生
6月10日　領事を任ぜられ、青島在勤を命ぜられる《大東亜省》
1944(昭和19)年11月19日　次女恭子誕生
1945(昭和20)年5月17日　勲五等を叙せられ瑞宝章を授かる
8月26日　勅令第四九一号に依り外務省所管となる
12月4日　高等官三等に叙せられる《内閣》
12月24日　房子、和代、恭子、中国から帰国
1946(昭和21)年7月　中国から帰国
12月10日　内閣事務官に任ぜられる
二級を叙せられる《内閣》
内閣官房内閣審議室に勤務
経済安定本部部員を命ぜられる《経済安定本部》
経済安定本部部員第四部勤務を命ぜられる

1947(昭和22)年5月19日　三女豊代誕生
1948(昭和23)年9月24日　建設事務官に任命される
　　　　　　　　　　　　二級に叙せられる
　　　　　　　　　　　　大臣官房渉外課長に任ぜられる
　　　　　　　　12月1日　法令審査委員に任ぜられる
1949(昭和24)年6月1日　中央連絡協議会委員に就任《外務省》
　　　　　　　　12月1日　長男文雄誕生
1950(昭和25)年4月1日　中央連絡協議会委員を辞す
1951(昭和26)年3月31日　米国に於ける土木事業の行政及び法規等の調査研究のため
　　　　　　　　　　　　欧州、アメリカ合衆国に6ヶ月の予定を以って出張を命ぜられる《建設省》
1952(昭和27)年8月1日　建設大臣官房審議室に配属される
　　　　　　　　10月1日　主査に就任
1953(昭和28)年2月1日　大蔵事務官に任命される《大蔵省》
　　　　　　　　　　　　大臣官房財務参事官室に勤務
　　　　　　　　4月1日　十二級六号俸を給せられる
1954(昭和29)年2月16日　大臣官房財務調査官に就任する
1956(昭和31)年11月26日　聖ドミニコ女子修道会修道女の松方為子に本人が依頼し受洗。洗礼名ヨゼフ
　　　　　　　　11月27日　死去、享年四十八
　　　　　　　　　　　　従四位勲四等瑞宝章を叙せられる
2005(平成17)年11月27日　五十回忌法要

伊藤家と松方家について

父は仕事や山を通じ、国内外に多くの方々と親交がありました。特に、京都大学の大先輩であった松方三郎を大変尊敬し、また親しくさせていただいていたようで、その紹介で母が松方家から伊藤家に嫁いでいます。

国際政治・経済ジャーナリストであり山岳家でもあった松方は、英国留学の三年間に三十数回ヨーロッパアルプスの山々を登攀した実績があり、日本山岳会、そして英国山岳会、スイス山岳会のメンバーでもあったことから、父・愿も日本山岳会に入会し、この大先輩の影響を強く受けていたものと思われます。

この二人の関係は、仕事面でも、太平洋問題調査会の先輩、後輩の間柄であり、国際情勢の情報収集、調査、分析など、共通の分野での関わりが多く、海外でもよく落ち合い、意見交換をしていたようです。

母・房子は松方幸次郎と好子の長男・正彦と、松方津留子の長女・久子の一人娘でしたが、松方幸次郎家の三女として、神戸・須磨で大事に育てられました。正彦は二十九歳で病死。房子が松方家から伊藤家に嫁ぎ、その娘の私が、今度は伊藤家から松方三郎家の次男・富士雄に嫁いでいる、という関係から、両家の系図（略図）を次ページに掲載しました。

（松方恭子　記）

伊藤家 略系図

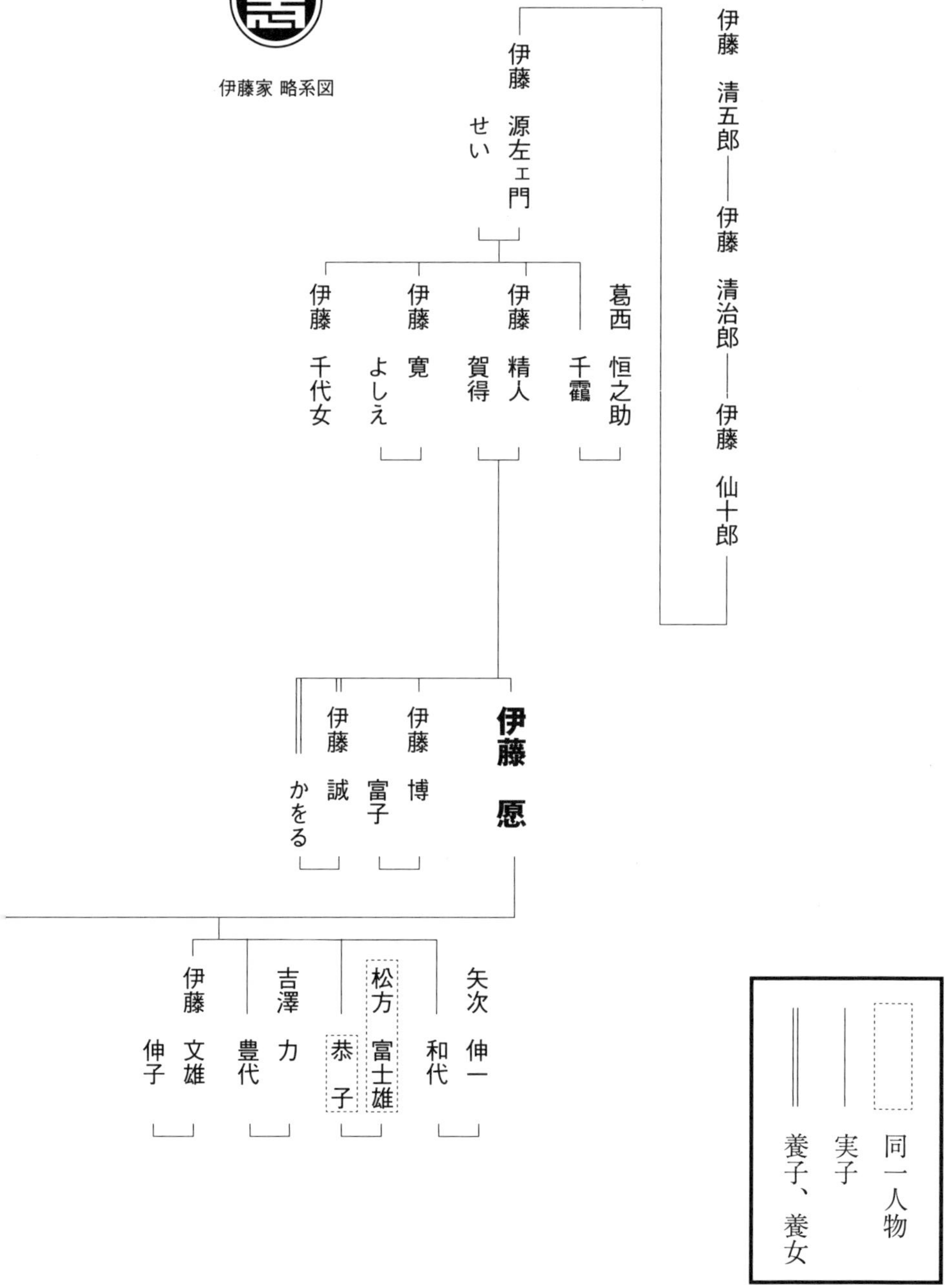
伊藤 清五郎
伊藤 清治郎
伊藤 仙十郎
伊藤 源左ェ門
せい
葛西 恒之助
千靏
伊藤 精人
賀得
伊藤 寛
よしえ
伊藤 千代女
伊藤 愿
伊藤 博
富子
伊藤 誠
かをる
矢次 伸一
和代
松方 富士雄
恭 子
吉澤 力
豊代
伊藤 文雄
伸子
同一人物
実子
養子、養女

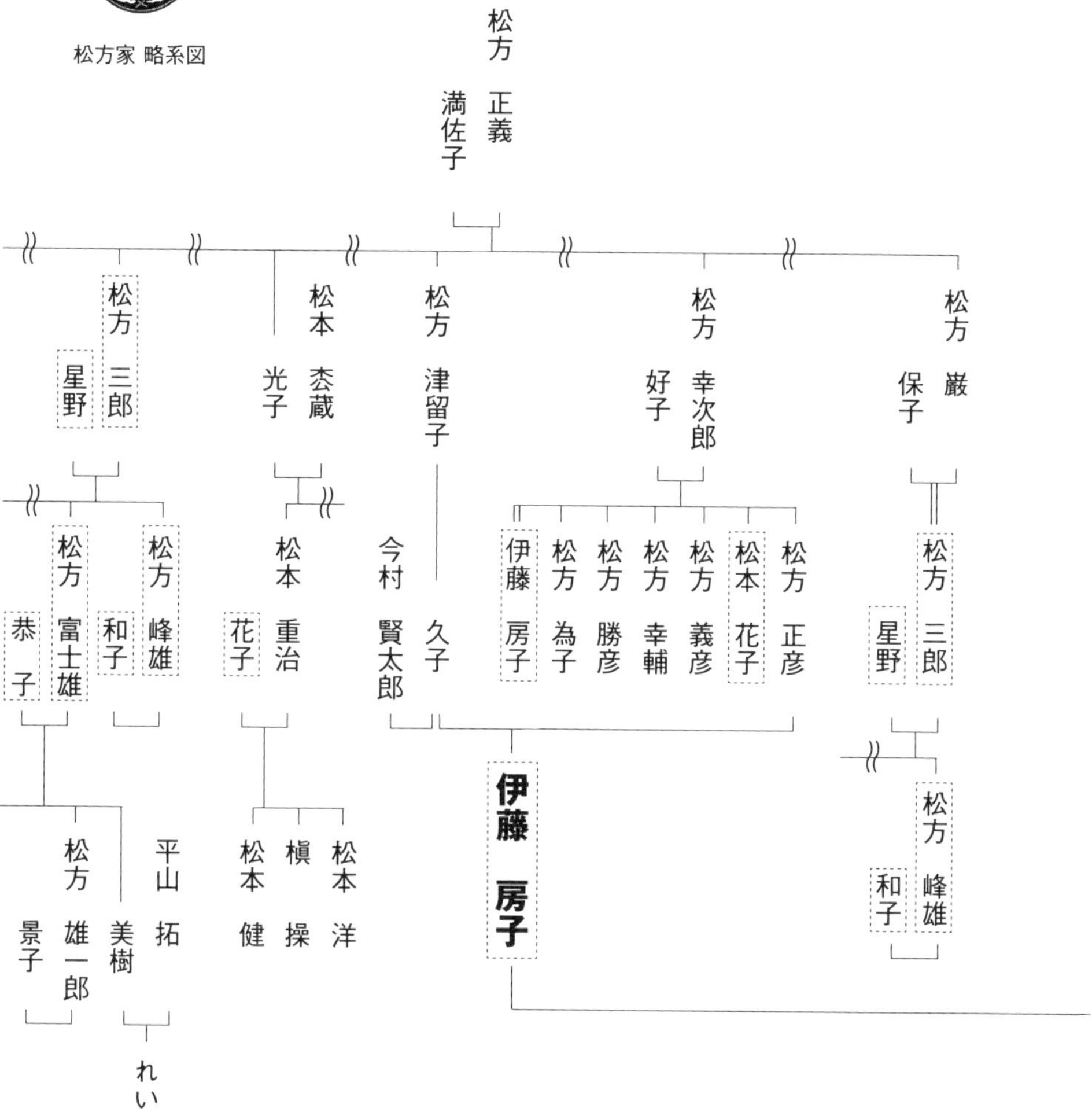
松方 正義
満佐子
松方 巌
保子
松方 幸次郎
好子
松方 津留子
松本 枩蔵
光子
松方 三郎
星野
松方 正彦
松本 花子
松方 義彦
松方 幸輔
松方 勝彦
松方 為子
伊藤 房子
久子
今村 賢太郎
松本 重治
花子
松方 峰雄
和子
松方 富士雄
恭 子
松本 洋
槇 操
松本 健
平山 拓
美樹
松方 雄一郎
景子
松方 留美
れい
伊藤 房子

松方家 略系図

本書に登場したおもな方々（生年月日順）

平生釟三郎（一八六六～一九四五）
実業家、政治家、教育者。東京高等商業学校（現・一橋大学）卒。東京海上保険会社専務。川崎造船社長。日本製鉄会長。貴族院議員。広田弘毅内閣で文部大臣を務める。枢密院顧問官。甲南学園・甲南病院の創設者。昭和初期、訪伯経済使節団長としてブラジルに渡り、同国との経済国交樹立に貢献、日系移民の受け入れ枠の確保に繋げた。著著『漢字廃止論』。ブラジルコメンダトール勲章受章。勲一等旭日菊花大綬章受章。

日高信六郎（一八九三～一九七六）
東京大学法学部卒。一九一四年、一高山岳部創立。イタリア駐在大使。一九二一年フランス大使館在勤時、日本人としてモンブラン初登頂。日本山岳会会長・同名誉会員。著書『朝の山、残照の山』。

槇有恒（一八九四～一九八九）
慶應義塾大学法学部卒。コロンビア大学留学。二年間のヨーロッパ滞在中、くまなくスイス・アルプスを登山。一九二一年、アイガー東山稜初登頂。一九二五年、カナディアン・ロッキーのアルバータ峰初登頂。

秩父宮雍仁親王殿下の供奉でマッターホーン登頂。一九五六年、マナスル初登頂隊隊長。日本山岳会会長・同名誉会員。スイス山岳会名誉会員。アメリカ山岳会名誉会員。英国山岳会名誉会員。著書『山行』『ピッケルの思い出』、編著『マナスル登頂記』など。文化功労者、勲三等旭日中綬章受章。

パウル・バウアー（一八九六〜一九九〇）

ドイツ登山界の重鎮、公証人。アルプスをホームグラウンドとして活躍。一九二八年コーカサス遠征、一九二九、三一年隊長としてカンチェンジュンガ北東稜に挑む。一九三六年シニオルチュ初登頂。一九三七年ナンガ・パルバート救援行、一九三八年同登山隊隊長。著書『ヒマラヤ探査行――ナンガ・パルバートの攻略』『カンチェンジュンガをめざして』『ナンガ・パルバート登攀史』『ヒマラヤに挑戦して』。

松方三郎（一八九九〜一九七三）

ジャーナリスト。明治の元勲、松方正義の十三男。京都大学経済学部卒。共同通信社専務理事。一九二二年、積雪期槍ヶ岳初登頂。その後も日本アルプスの多くの山々を登攀。アイガーのヘルンリ尾根初登頂など、ヨーロッパ・アルプスの山々を三十以上登攀。槇有恒、藤木九三、松本重治らと秩父宮雍仁親王殿下に供奉してマッターホーン登頂。一九七〇年七十歳の時、エベレスト初登頂日本隊隊長。日本山岳会会長・同名誉会員。英国山岳会名誉会員。スイス山岳会会員。著書『アルプス記』『アルプスと人』『遠き近き』ほか。島田巽との共訳にヒラリー著『わがエヴェレスト』。勲一等瑞宝章受章。

松本重治（一八九九～一九八九）

ジャーナリスト。母光子は、松方正義四女。東京大学法学部卒。エール大学、ジュネーブ大学等に留学。松方幸次郎長女、花子と結婚。東京政治経済研究所設立に参加。同盟通信社上海支局長。一九三六年、伊藤愿が、上海松本宅を訪問。太平洋問題調査会（一九二九年）以来の盟友ロックフェラーⅢ世と戦後再会。国際文化会館創設。著書『上海時代』『近衛時代』『昭和史への一証言』など。文化功労賞、勲一等瑞宝章受章。

今西錦司（一九〇二～一九九二）

生態学者、文化人類学者。京都大学農学部卒。理学博士。岐阜大学学長・同名誉教授。京都大学名誉教授。日本の霊長類研究の創始者。三高、京大時代を通じて国内外の登山と探検の新分野を開いた。戦前には大興安嶺、内蒙古などの探検、戦後はマナスル踏査、カラコルム探検、アフリカ各地での類人猿調査などを指揮。京都大学学士山岳会創始者。日本山岳会会長・同名誉会員。著書に『今西錦司――そこに山がある』など。著作、論文は『今西錦司全集（全10巻）』に収められている。文化功労者、文化勲章受章。

西堀榮三郎（一九〇三～一九八九）

自然科学に万能の科学者（専門は化学）。真空管製造技術や品質管理の分野で功績、第一回デミング賞受章。京都大学理学部卒。理学博士。今西錦司らと三高、京大時代から山岳部で活躍、国内外の登山と探検の新分野を開いた。第一次南極越冬隊隊長。日本山岳会会長・同名誉会員。著書に『南極越冬記』など。その他著作は『西堀榮三郎選集（全3巻・別巻）』に収められている。「雪山讃歌」の作詞者として知られる。ゴルカダクシンバフー勲二等受章

島田巽（一九〇五〜一九九四）
慶応義塾大学卒。朝日新聞ロンドン特派員・同社社友。日本山岳会名誉会員。著書『遥かなりエヴェレスト——マロリー追想』『ふだん着の英国』『山・人・本』『カンチェンジュンガ——その成功の記録』、松方三郎との共訳にヒラリー著『わがエヴェレスト』。

香月慶太（一九一〇〜二〇〇三）
甲南高校、神戸商科大学（現・神戸大学）卒。三井物産。一九二三年、甲南高校山岳部を創部し、後に入部する伊藤愿らとともにロック・クライミング、ヴァリエーション・ルートの開拓、積雪期登山など近代登山への道を歩む。数十年にわたり甲南山岳会の会長をつとめ後輩の指導にあたる。甲南山岳会名誉会長。神戸大学山岳会会員。日本山岳会会員。

田口一郎（一九一一〜一九四一）
甲南高校、東京大学卒。昭和初期の北アルプスをはじめ、スイス・アルプス諸峰の多くの難ルートを登攀。戦前スイス滞在中に死去。遺言によってアイガー山麓のグリンデルワルトに墓があったが、現在は日本に眠る。甲南山岳会会員。東京大学山の会会員。日本山岳会会員。

加藤泰安（一九一一～一九八三）

京都大学経済学部卒。学習院時代より山岳部に属し、京大時代、北アルプス、白頭山遠征、内蒙古など大陸の山々に登山。第一次マナスル遠征隊隊員。京都大学のチョゴリザ、サルトロ・カンリなどに中心メンバーとして参加。日本山岳会名誉会員。著書『放浪のあしあと』『森林・草原・氷河』。井上靖の小説『あしたくる人』のモデル。

田口二郎（一九一三～一九九八）

甲南高校、東京大学卒。ロンドン大学留学。兄一郎とともに昭和初期の北アルプスなどで多くの初登攀記録を持ち、スイス滞在中アルプス諸峰の難ルートを登攀。マナスル踏査隊および第一次遠征隊に参加。甲南山岳会会員。東大山の会会員。日本山岳会副会長・同名誉会員。著書『東西登山史考』『山の生涯――来し方行く末（上・下）』、訳書ボニントン著『ヒマラヤ冒険物語』。

山岡静三郎（一九一六年～）

甲南高校、東京大学医学部薬学科卒。海軍薬剤科士官。薬学博士。原爆投下直後の広島の調査団に参加。元住友化学工業株式会社常務。甲南山岳会会員。甲南高等学校時代、伊藤愿にスキーを習った。

平井一正（一九三一〜）
京都大学工学部卒。工学博士。神戸大学名誉教授。元甲南大学教授。一九五八年、カラコルム・チョゴリザ峰初登頂を初め、一九八六年、チベット・クーラカンリ峰など、多数のヒマラヤ遠征に参加。京都大学学士山岳会会員、日本山岳会会員。神戸大学山岳会、甲南山岳会名誉会員。著書『初登頂——花嫁の峰から天帝の峰へ』。甲南山岳部のホームページに「ＡＡＣＫ人物抄　伊藤愿」掲載。

越田和男（一九三八〜）
甲南高校、甲南大学理学部卒、オレゴン大学化学科修士課程卒。元株式会社日本触媒。学生時代山岳部に所属し、北アルプス、オレゴン・カスケード山脈などに親しむ。高校山岳部の先輩伊藤愿を昭和初期の先鋭的クライマーとして、また山岳部の部歌の作詞者としてその名を知る。甲南山岳会会員。日本山岳会会員。

松方幸次郎（一八六六〜一九五〇）
明治の元勲、松方正義の三男。アメリカ、ラトガス大学留学。エール大学法学博士課程卒。川崎造船所初代社長。神戸新聞初代社長をはじめ、関西の財界で活躍。後に衆議院議員（日本進歩党）。幸次郎が、本物を見ることができない画学生のために、戦前ヨーロッパで購入した絵画、彫刻は、一三四七点、浮世絵八千二百余点と言われている。戦時中フランスに保管してあった収集品は、第二次大戦後のサンフランシスコ講和条約の折、フランス政府から返還され、現在、絵画、素描、版画三百二点、彫刻六十三点、参考作品五点が、ル・コルビジェ設計の国立西洋美術館に、浮世絵は、東京国立博物館に収蔵されている。

編集を終えて――私とスイス

この本は、父伊藤愿が生前に書き残したものと雑誌等に発表したものを、まとめたものです。
出版にあたっては、思いがけない出来事が次々と起こったことがきっかけで、父のことを覚えていてくださった方々に直接お会いすることができ、その皆様のご協力によって完成いたしました。ここに、ご尽力くださいました多くの皆様方に、厚くお礼申し上げます。

昨年の春、薄茶色に変色した四百字詰め原稿用紙の「書簡集」を私は母から渡され、初めて父のペン書きの原文を読みました。かすれた文字や旧漢字では、母にも読みにくいので、パソコンに打ちはじめたところ、私の知らなかった、若かりし頃の父の姿が浮かび上がり、その文面にいつの間にか、引きずりこまれてしまいました。

打ち直したものを「母の八十九歳の誕生日プレゼントにしようと思って……」と、友人の礒貝泰子さんに何気なく話したところ、ご主人である清水弘文堂書房の社主礒貝浩氏が興味をもたれ、「読んでみたい」とのこと。早速メールで送信すると、「これはおもしろい、僕が協力するからこの書簡集を本にしよう」ともちかけられました。

当初は出版することなど考えてもいなかったもので、半信半疑で気楽に受け答えしていましたが、振り返ってみると、その時の会話の一言がこの本を編集するきっかけになりました。

たまたま私たちは結婚四十周年で、昨年の夏ベルギーにいた長女家族からの招待で、スイスアルプスのトレッキング旅行に行くことが決まっていました。

出発の一週間前、葉山の礒貝邸で、父が撮影した千五百枚ものスイスの山々をはじめ旅行中に撮った古い写真を肴に、ご馳走をいただきながら、出版に向けての前祝。その席で、「スイスに行くならお父さんと同じ場所であなたも写真を撮ってきたら……」と、プロの写真家でもある礒貝氏からアイディアをいただきました。

しかし当然のことながら、広大なスイスアルプスの山中で、五十年以上も前の写真を頼りに、特定の場所を探すことは、大変困難なことだろうと思っていました。

旅行のメンバーは私たち夫婦、ベルギーからは、長女夫婦と六歳の孫娘、次女も東京から参加し、総勢六人。皆それぞれ健脚のメンバーでした。この時は、スイスアルプスの山麓、ツェルマットにアパートメントホテルを借り、連日三千メートル超の山々を、二週間かけて駆け回り、これ以上望めない好天にも恵まれて一同大満足でした。

提案のあったポイント探しは、ちょっとむずかしいのではと思いながらも、行動する前日、皆で相談。マッターホーンの地形、地図、そして父の写真などをじっくり見比べながら、「この山の景色が見えるところは、この方角しかない」とルートを絞り込み、その写真を手にして出発しました。

抜けるような晴天の中、細い登山道を登りながら、途中何度か脚を止め、父の写った写真と見比べては、更に上へ上へと移動、街から二時間あまり登ったところ（約二千百メートル地点）に、五十六年前に父が座ったと思われる岩を、ついに見つけることができました。探し求めたポイントにたどり着けたことで、家族一同、大変感激しました。

そこでの景色は本当に素晴らしく、父がシャッターを切った気持ちが十分納得できました。私たちも代わる代わる父と同じポーズをとりながら、沢山の写真を撮り続けました。突き抜けるような青い空、その中に白く浮かぶ雄大なアルプスの山々。眼下に広がる広大な牧草地。細い山道の両側に美しく咲き乱れる草花。どの場面を見ても長閑で美しく、すべては夢のような世界でした。

また遥か遠くの山頂に消えてゆく美しい草花の山道は、父が居る天国につながる道にも思えました。これはまさに五十六年を隔てて実現した三世代の「慰霊登山」であり、父はこの一瞬を永いこと待っていたに違いないと思うと、胸にこみ上げるものを感じました。

ヨーロッパで一ヵ月の夏休みを過ごし、大きな目的も達成して日本に帰国してみると、なんと、この本の出版を薦めてくださった礒貝浩氏が、帰国前日に急逝されたことを知り、本当に驚きました。一方、この時撮った写真の一部を、帰国後偶然観たＮＨＫテレビの「わたしの夏休み・写真コンテスト」に応募したところ、後に放映され、数多い応募者の中から「トップ賞」に選ばれ、私たちの周囲でもちょっとした話題になりました。

白い雪をかぶったマッターホーンを背に若い父が写った遺影は、いつも家に飾ってあり、母や私たち家族を優しいまなざしで見守ってくれていました。それは私たちにいつも何かを語りかけているようでもありました。父が亡くなった時、姉は十三歳、私十二歳、妹九歳、弟はまだ六歳。遠い記憶の中にある父はスマートで、昔の映画俳優、佐田啓二に似たハンサムな父親像でした。父は生前、家族とのスイス旅行を夢見ていたことを書簡集にも書いていますが、私も以前から、綺麗な山々やスイスに憧れ、心惹かれるものがありました。

私は大学一年の時に、ワンダーフォーゲル部に属し、礒貝泰子さんや山を愛する友だちと、武尊、上高地から穂高など、重いテントや食料が入ったキスリングを背負いながらも、山歩きの楽しさを知りました。今でも、軽装で行ける尾瀬、日光、奥入瀬、八ヶ岳、五島列島にと、山や自然を楽しみながら、友人たちと歩いています。

大学三年の時のことですが、スイス人の神父様で私の大学の教授から、同郷の知人夫妻が日本に観光旅行に来るので、その通訳を兼ねてガイドをやって欲しいと頼まれ、それがきっかけで、スイス人ご夫妻とのお付き合いが始まりました。当時日本は東京オリンピック前でもあり、高速道路もなく、ご主人、マックス・フェルクリン氏が借りたレンタカーで、東京から鎌倉、箱根を経由して西へ西へと走りぬき、対馬までの名所旧跡を三十数箇所、地元の名産やご馳走をいただきながら、二ヵ月余りをフルアテンドでご案内しました。フェルクリン夫妻は、日本の歴史、文化、食べ物、しきたりなどに大変興味をもっておられ、事前によく勉強されていました。旅先ではいろいろなことに関心をもたれ、私への質問も続出するため、地元のガイドブック、道路地図、辞書など関係資料を毎日その場であたふたと調べながらの、大変忙しいアルバイトでした。しかしそれは、学校での勉強以上に充実した、学生時代の有意義な素晴らしい体験であり、憧れていたスイスに近づけた時でもありました。

最初にスイスを訪問したのは、主人と私がニューヨークに滞在していた四十年ほど前のことです。休暇でスイス旅行を計画し、母が東京から、また当時オランダに住んでいた主人の妹家族も参加して、三家族がスイスのグリンデルワルトで落ち合いました。この時も連日好天に恵まれ、雄大で美しいスイスアルプスの山々や、可憐な高山植物が咲き乱れる緑豊かな牧草地、またその山麓に点在する可愛らしい山小屋や、長閑な風景に大いに感動しました。

そこでは、父や、主人の父（松方三郎）の古い知人でもあるミセス・マーサ・メルクル（槇有恒氏がアイガー東山稜初登頂後、槇氏に花束を渡した）や、スイス人ガイドエミール・ストイリにも会うことができ、当時の話も聞けて、母はとても感激していました。

ユングフラウヨッホへの登山電車の車窓から見える、迫力あるアイガー、メンヒ、ユングフラウの山々を、溢れる涙を拭いながら見ていた母の姿を、昨日のことのように思い出します。亡き父の想いがやっとかなえられ、天国で父も喜んでくれていたものと思います。

私たちがアメリカから帰国して数年後、あのスイス人ご夫妻が、ビジネスでたびたび来日されるようになり、そのつど私は秘書的な役割で、お手伝いすることが何度もありました。また私自身を、娘のように可愛がってくださり、チューリッヒから車で一時間ほどのシュヴィーツのご自宅に何度か招待され、またフェルクリン社長が経営されていた、大変美味しいチョコレート会社の社員たちとも親交を深め、多くのスイス人との交流ができました。

そのフェルクリン夫妻をアテンドしていた時にお会いしたのが、当時中央公論社の編集者であった花岡浩様で、フェルクリンご夫妻の知的で且つ探究心から生じる無理難題、質問、要望を、博識な花岡様からいろいろとアドバイスしていただき対処できました。

そのご縁から、今回この本を出版するにあたり花岡様には、父の書いた文中の旧仮名遣い、旧漢字、ヨーロッパや中国の地名などなどを調べていただきました。花岡様のご尽力に対し、厚くお礼を申し上げる次第です。

また、一昨年神戸大学名誉教授の平井一正先生が、甲南大学山岳部のホームページに父のことを紹介されていたことも、編集を進める上で大きなサポートとなりました。今年一月、京都で平井先生にお目にかかり、私が父と同じ場所で撮った写真をお見せしながら、出版についての話をしたところ、「お父様はきっと喜ばれていますよ」と励ましのお言葉と、父の「滞印抄」をご提供いただきました。ここに厚くお礼申し上げます。

父の甲南高校の後輩でもある越田和男様からは、甲南山岳部部報や日本山岳会会報に掲載された父の資料をご提供いただきました。父の書いた文章を初めて読みながら、父とともに山登りをしている悦びと感動を覚えました。越田様のご親切なご指導、ご助言に、心より感謝申し上げます。

父とお付き合いがあった甲南高校後輩の山岡静三郎様と母との偶然の出逢い、それに端を発し、もう見ることはできないと思っていた書簡集を四十年ぶりに母の病院にお届けくださった平井吉夫様のご厚意、またご指導に対し、また父が七、八十年前に書いた原文を、今日まで大事に保管していてくださった甲南高校山岳部ＯＢの皆様方に、衷心よりお礼を申し上げます。

なお、清水弘文堂書房代表の礒貝日月様は、以前からイヌイットの研究の専門家。編集部の小塩茜様も、山登りを趣味とされていて今回楽しんでお手伝いくださいましたことはありがたく、お世話になった故礒貝浩氏がこの場に居られないことは本当に残念ですが、心から感謝しております。

最後になりましたが、父の故郷である兵庫県香住で、父の墓を大切に守ってくださっている伊藤誠様、かをる様、大勢の松方家一族のお世話役をしてくださっている松方峰雄様、和子様、また岡松壮三郎様、松本洋様、長岐緑様、日本山岳会事務局の田村典子様、島田尚男様、井出マヤ様、石田エリカ様、香月祥太郎様、東豊久様、東眞理子様、古谷朋之様、マルグリット・ブラバント様、クリスティーナ・メルクル様、服山玲子様、棚田英治様、多くの皆様のご厚意とご協力に、心からお礼申し上げます。

そしてスイス旅行を計画し、思い出の場所への登山をともにした私の家族みんなに、ありがとう！

子供の頃からの父のイメージは、写真に写った優しい父親像でしたが、この旅行記や単独行などを読んでみて、父が行動力抜群、人並みはずれた強靭な体力と精神力を持った、スケールの大きな、男らしい山男であったことがわかりました。

昨年の夏、スイスのツェルマットやグリンデルワルトの山中で、父も眺めていたであろう、全く変わらない美しい風景の中に佇んだとき、言葉にできない感動をおぼえました。そして、この本をまとめるに至ったいくつかの不思議な出来事、この機に得られた多くの方々との出会いは、「父からの私たちへの贈りもの」と思え、人生とは本当に素晴らしいもの……と感じました。

父が元気でいたら、山のお仲間や私たちと、国内外の山旅を楽しんでいたことでしょう。澄みわたったスイスアルプスの素晴らしい青空のもと、トレッキングをしながら孫娘と楽しく歌っていたSound of Musicの歌声は、天国の父にも聞こえていたと思います。

マッターホーンを背にした若々しい父の写真は、今日も私たちに微笑んでいます。

「またいつかアルプスで会いましょう……」と。

松方恭子

編者　松方恭子（まつかた・やすこ）
1944年　中国青島生まれ。伊藤愿、房子の次女。
上智大学文学部卒。パンアメリカン航空東京支店、日本航空ニューヨーク支店、東京医科大学付属看護学校非常勤英語講師、コンサルティング会社などに勤務。一男、二女の母。

《用字表記および掲載写真について》
「妻におくった九十九枚の絵葉書」、「滞印日記抄」をのぞき、漢字、仮名遣いは原則として原文のままとした。本文中の写真は伊藤愿撮影。

妻におくった九十九枚の絵葉書　―伊藤愿の滞欧日録―

発　行	2008年7月30日
編　者	松方恭子
発行者	礒貝日月
発行所	株式会社清水弘文堂書房
住　所	《プチ・サロン》東京都目黒区大橋1-3-7-207
電話番号	《受注専用》03-3770-1922
FAX	《受注専用》046-875-8401
Eメール	mail@shimizukobundo.com
HP	http://shimizukobundo.com/
編集室	清水弘文堂書房葉山編集室
住　所	神奈川県三浦郡葉山町堀内870-10
電話番号	046-804-2516
FAX	046-875-8401
印刷所	モリモト印刷株式会社

□乱丁・落丁本はおとりかえいたします□

　ISBN978-4-87950-587-3 C0075